저녁에 고장 난 별이
노래처럼 번지고 나면

**저녁에 고장 난 별이
노래처럼 번지고 나면**

초판 1쇄 인쇄 2024년 10월 14일
초판 1쇄 발행 2024년 10월 31일

신고번호 제313-2010-376호
등록번호 105-91-58839

지은이 최수찬

발행처 보민출판사
발행인 김국환
기획 김선희
편집 조예슬
디자인 다인디자인

ISBN 979-11-6957-239-2 03810

주소 경기도 파주시 해올로 11, 우미린더퍼스트@ 상가 2동 109호
전화 070-8615-7449
사이트 www.bominbook.com

• 가격은 뒤표지에 있으며, 파본은 구입하신 서점에서 교환해드립니다.
• 이 책은 저작권법에 의하여 보호를 받는 저작물이므로 무단 전재와 복사를 금합니다.

최수찬 시인의 첫 번째 시집

저녁에 고장 난 별이
노래처럼 번지고 나면

너는 시곗바늘을 억지로 밀어서
내일의 날짜와 시간과 너의 나이를 조작한다

추천사

　시에서 기교를 잘 활용하면 긴장 속에서 세련된 맛과 멋을 살릴 수 있다. 하지만 시인은 효율적인 이 방법을 사용하지 않고 철학적 사고를 기반으로 묵직하고 담담하게 자신의 시를 노래했다. 그래서 일부 독자들은 편견을 가질 수 있다. 하지만 그는 상투적이지만 상투적이지 않은 시를 쓸 줄 아는 시인이다. 이 방법은 아무나 흉내낼 수 있는 것이 아니다. 그의 언어를 얼핏 바라볼 때 가볍게 느껴질 수도 있지만 시인은 틈을 허락하지 않는다. 가벼운 곳에 더 큰 진중함을 숨겨 놓는다. 시집을 천천히 읽어본 독자들이라면 상투적이지만 상투적이지 않는 마법을 어렵지 않게 경험할 수 있을 것이다.

　시인은 자신만이 부를 수 있는 노래를 성공적으로 완수했다. 그의 시집을 읽으면서 버릴 시가 하나도 없다고 생각했고, 주변 친구들에게 추천해도 부끄럽지 않다고 생각했다. 이러한 배경에는 그가 쳐다보는 대상에 대한 태도도 한몫했다. 시인은 대상을 움켜잡으려 하지 않았다. 대상과 함께 주저앉고자 했다. 이 의지가 세다고 단언할 수는 없지만 시인의 몸을 힘 있게 밀고 있음은 부정할 수 없다. 어쩌면 시인으로 산다는 것은 자신과 사회를 생각하는 것이다. 시인에게 앞으로 남은 숙제라 하겠다. 또한, 시인으로 산다는 것은 미세한 틈을 보이면서 굶고 있는 어떤 현상을 표현하는 것이다. 이것이 철학이요, 삶이다. 시인의 맑은 영혼을 만나면서 우리 사회가 더 밝고 튼튼해질 것이라 믿는다.

2024년 10월

편집위원 **김선희**

시인의 말

밤이 되더라도 야경 속의 별자리가 된 꿈처럼
작은 메아리를 어두운 세상에 노래처럼 실어 보내야지
새는 날아가고 그 위에서 지상을 바라봐야지
세상이 초속 5cm의 속도로 아침으로 번질 때까지

2024년 10월
시인 **최수찬**

목차

추천사 • 4
시인의 말 • 6

제1부
노래가 울려 퍼질 때
도돌이표가 종말을 맞이하고

리부트(D-Day) • 14
마린보이 • 20
도플갱어 • 23
Homunclus • 27
이층이 있다 • 31
비밀 • 35
오래된 노래 • 39
그믐으로 가는 달 • 43
뷰티인사이드 • 46
리저렉션 • 49
악보 • 52
거울 • 55

제2부
밤에 세워진 허수아비가 되어

기도 • 60
우산 • 63
허공의 액자와 나비 • 66
부고 • 69
달무리 • 72
별자리 • 75
매미가 우는 한 여름밤 • 78
잠수 • 80
뿌리(My way) • 82
해파리 • 84
빨간 마스크 • 87
마지막 패스 • 90
가을 • 93
마음 • 96
키보드 • 99
White • 102
목소리 • 104
속도 • 107
사과 • 110
한밤의 동굴 • 113
정류장 • 117

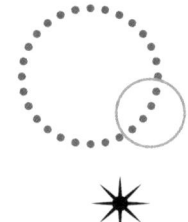

제3부
내일 도착하는 계절의 이름을 정해주는 시간

개벽 • 120
Night Seed Vault • 123
마네킹 • 130
영화가 끝난 후에 • 133
노르웨이 숲 • 137
밤의 기도 • 140
언어의 노래 • 143
새 • 146
지구의 노래 • 148
0 • 150
36.5도 • 153
관계 • 157
끝없는 체스(Duel Score) • 160
길 • 162
고양이 • 166
이사 • 169
오늘의 날씨 • 171

제4부
파르페 아이스크림이 완성되려면 겨울이 필요해

타임머신 • 174
ㅇ • 179
아침 • 183
웃음 • 186
틈 • 189
화이트데이 • 192
지금 우리 학교는 • 195
봄 • 198
풍선 • 201
휴지 • 203
2,000년 후의 너에게 • 205
오늘 우리는 • 208
재앙 • 210
네모의 꿈 • 213
내일 • 215
마포대교 생명의 다리 • 218

제1부

노래가 울려 퍼질 때
도돌이표가 종말을 맞이하고

원망과 저주의 말들은 국적도 언어도 목소리도 모두 달랐다.
그렇지만 모두 같은 의미로 해석되었다.

리부트(D-Day)

⟨D-Day 3-발단⟩

Phase. 스마트폰

알람이 울리고 있을까. 전화벨 소리를 들으려 귀를 기울인다. 통화 착신음이 들리는 동안은 만화와 유머와 모든 정보가 증발하는 시간. 손가락을 잃어버렸고 패턴이 증발해서 스마트폰은 30초 후 모든 것을 초기화하고 재부팅됩니다. 이것을 우리는 빅크런치와 빅뱅, 진동 우주설이라고 부르기로 했어요.

⟨D-Day 2-위기⟩

Phase. 종이컵

콜라를 오랫동안 종이컵에 따라두었다. 부유하며 사라지는 어둠과 눅눅해지는 탄산. 살짝 건드렸을 뿐인데 빛을 피해 달아나는 벌레 떼처럼 아지러지는 거품들. 끈적한 내부를 가둬두었는데 곧 심장이 오버히트할 거야. 종이컵의 안쪽은 원래 젖지 않는 게 맞을까? 의문문을 상상하는 것조차 금지된 일이었다면, 왜 당신은 안과 밖이 차별화된 재질로 창조되었는지 알 수가 없어서. 당신을 미워하고 부정하고 그러나 사랑하고. 우주에 가면 콜라는 구형으로 허공에 떠다니니까, 종이컵은 필요 없으니까. 당신은 안심하고 다칠 수 있다. 죽을 수 있다. 이것이야말로 세계의 끝에서 추락하는 완벽한 서사이드.

〈D-day 1-전개〉

Phase. 화분

분비되지 않는 빛과 성장기가 멈춰버린 뿌리. 주사기에 밤을 넣어 인슐린처럼 호르몬처럼 줄기에 투여했는데 화분에 금이 갔다. 당신은 뿌리가 아래로 성장하기를 허락하지 않았다. 오래전부터 전해져 내려온 잭과 콩나무의 설화를 꿈꾸며 잠이 들었다. 탑의 계단은 셀 수 없어서 당신은 꼭대기를 몇 층이라고 불러야 할지 망설였다. 나이테처럼 무릎에 새겨지는 주름들. 큰절을 할 때마다 우드득 관절뼈가 눈동자와 부딪치는 소리. 모든 식물들은 말을 할 수 없는데. 화석으로 남은 역사를 읽어내는 독자들 앞에서 식물들은 알몸으로 발가벗겨진 기분일까. 새장 안에 갇힌 마법사와 어항 속에 갇힌 연금술사. 흙 속에서는 자궁 속처럼 심장 뛰는 소리만이 울리기에 의식의 본체는 늘 어둠 속에 보관해두었다.

〈D-day-절정〉

Phase. 엘리베이터

천지창조는 8일 만에 완성되었다지. 이것은 벽에다 기록한 ?가 작성한 ??의 ???에 관한 동화이자 서사시. 두 번째로 쓰여지는 성경은 아무도 알아볼 수 없는 필체여야만 했고. 예언이라고 명명되기보단 미치광이 망상가가 작성한 허구의 환상 동화라고 취급되기를 바랐다. 모든 준비가 끝난 날 일식이 일어나고 있었다. 이제는 계단보다 빠르게 천국의 높이에 가닿을 시간. 어떻게 하면 이사를 하듯 새벽을 실어 나를 수 있을까. 천장을 넘어 옥상으로 하늘로 올라가면 눈부신 햇빛을 피할 수 있을까.

    아침에는 스마트폰에서 아무에게서도 연락은 없었고
    점심에는 그림자를 종이컵에서 식탁으로 쏟아내고. 마지막 어둠이 담긴 종이컵을 술잔처럼 들이키고,
    저녁에는 무덤 같은 화분 속의 흙을 새끼손가락으로 마구 파헤치고
    새벽에는 1층을 눌렀는데 옥상으로 거꾸로 역주행하는 엘리베이터

이것은 화자가 남지 않은
오래된 언어로 쓰여진 D-day 달력
오직 당신만이
천국으로 향하는 소설책 속의 유일한 화자
마지막 남은 세상의 씨앗이라는 걸 잊을 수가 없어서
그래서 죽으려 하는구나,
이것은 리부트되는 HP와 MP
단지 줄어들 뿐인 고통과 슬픔의 카운트

곧

종말이 오는데
네 번째의 내일에는

다시 시작하자
아침도 점심도 저녁도 새벽도 없는
시간의 무게가 가벼운 별에서

발신자 없는 전화에 대고 자꾸만 여보세요? 안녕, 안녕
종이컵 위에 술 대신 콜라를 따르고 제사상 위에 놓는다
삽으로 화분의 흙을 무덤 위 이불처럼 덮어주고
천국으로 향하는 엘리베이터가 상승한다

⟨The day after⟩

Phase. 리부트

엔딩크레딧
그러나
커튼콜

에필로그는 늘 프롤로그의 그림자 뒤에 있어야 한다는 게 밉다

당신은 옥상 위에서 뛰어내린다

[모든 프로그램을 종료하고 시스템을 재시작합니다]

replay

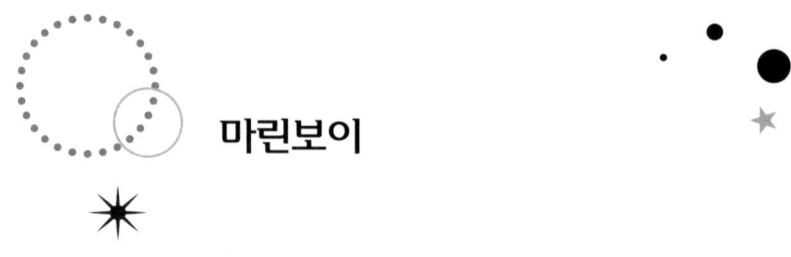

마린보이

　당신이 머무는 둥지는 바다가 아니라 평행한 직선 속에 갇힌 수영장이었다. 자꾸만 빛이 태어나기 전으로 돌아가려는 관성을 지닌 당신의 이름은 올챙이. 어두운 시간을 헤엄쳐 오면서 당신은 오래도록 숨을 쉬지 않았지. 치아가 잇몸에 돋아나지 않은 당신은 숨을 참는 법을 잃어버린 수영선수. 가끔씩 물 밖으로 고개를 디밀고 알아들을 수 없는 언어를 물거품처럼 뻐끔거린다.

　보이지 않는 물로 이루어진 풀장과 그 속에서 물장구치는 당신. 직선의 코스를 벗어나 어둠으로 돌아가는 것은 존재해서는 안 되는 미래. 죽고 난 뒤에도 어둠으로 젖은 수영복을 갈아입는 것을 부정하고 거부하는 당신. 그런 어두운 방식으로는 일상의 무거움을 극복할 수 없다고 관객들이 말하고. 오래도록

한 몸이 되어버린 우울을 벗어던지고 부끄러운 알몸이 되고 싶지 않았다. 자유형을 배우고 싶었던 어제를 배반하고 뒤돌아볼 수 없는 자세로 누워 배영을 하는 당신. 배영을 사랑하는 이유는 링의 어디까지 가고 있는지 끝을 가늠할 수가 없어서.

물에서는 느리게 움직일 수밖에 없다. 양력이 자꾸만 그림자를 붙잡고 늘어지기 때문에. 물속에서 자유롭고 빠르게 움직이려면 그림자를 잘라내야 한다. 그러면 드디어 피날레가 완성될까. 열아홉의 너머 스물의 이전에 19.1과 19.01과 19.001이 존재한다는 수학적 공식을 의심하며 당신은 성년으로의 터치다운을 거부한다.

당신의 검은 머리칼과 수영복은 흠뻑 젖어 있다. 탯줄을 끊을 때가 되었다고, 완전히 옷을 갖춰 입은 관객들이 환호인지 야유인지 모를 목소리로 말하고. 이제 당신이 환생하는 곳은 탈의실. 수영복만 딱 들어가는 세탁기가 생의 끝자락을 맞이하고 있다. 그곳에 우울한 검정 수영복을 집어넣는다. 요란한 소리와 함께 리마스터 되어 다시 태어나는 뫼비우스의 띠.

조금 이상하지, 수영복은 물에 젖지 않는 게 맞는 걸까? 아무런 소음도 들리지 않는 성능 좋은 세탁기에는 당신의 모든 과거를 집어넣어도 빈 공간이 남는다. 밤의 링 바깥세상에는 아침의 바다가 있으니까. 새로 세탁된 날개를 입고 방향이 정해지지 않은 오픈 월드 속에서 자유형을 준비할 차례다. 당신은 새롭게 비누칠한 알몸으로 나선형의 자유로운 바다 위에서 다이빙을 준비하고 있다.

내일은
마린보이

# 도플갱어

[세상에서 가장 의미가 기다란 단어를 상상해본 적이 있어?]

얼굴을 보여준 적 없는데 어딘가 사랑스럽고 친숙한 네가 물었다

〈하얀 밤과 검은 낮의 사이에서 꾸는 악몽 속에서 마주 보는 열두 개의 거울 속에 비친 네가 짓고 있는 표정이 낯설어 보일 때 문득 죽고 싶어지는 마음〉

그런 하루들, 어제들, 내일들
존재하지 않는 오늘

[그냥 도플갱어라고 축약하면 되지 않아?]

그래, 소문을 들은 적이 있어. 다중우주에 사는 나와 똑같은 생김새의 메아리들
그들을 마주 보면 반드시 죽이고 죽는 데스 게임이 시작되어야 하지

[다중인격을 인정받아서 살인죄에 대해 무죄를 선고받은 악마를 연기하는 인간의 탈을 쓴 천사가 있대]

웃기지 않아? 천사들은
두려워 말라고 말하면서
정말 무섭게 생겼단 말이야

그래도
사랑을 믿고 있는 너만이
내 눈동자를 탈환해준다면

아무것도 보이지 않는 어둠 속에서
눈부신 천국을 상상할 수 있을 것 같아

[임사체험 때 나타나는 빛의 터널은
뇌가 도파민을 과분비해서 나타나는 착각이라는
거짓말은 신성모독이야!
천사와 악마가 두 눈동자에 오드아이로 돋아나기 시작해
달콤한 사과를 먹고 싶어 했지?]

사탄의 목소리를 살해한 죄로
천국에서 쫓겨나지 않은 평행우주의 아담과 이브도
결국은 수없이 반사되는 거울 속에서
사과를 먹었다가 토했다가 다시 먹고
태어나고 죽고 태어나고 그랬겠지?

먼 훗날의 후손들은 보잘것없었던 꿈을 신화로 기록했대
  리셋된 초고대 문명과 아틀란티스의 괴담 따위 상상 속에
그려져 있는걸

그러고 보니

도플갱어 A씨
혹은

하이드 씨

혹은

사탄과 루시퍼

혹은

어둠의 유희

너의 이름을 묻지 않았네,

[○○○○○○○○○]

———————

이 모든 것을 진료하고 상담한

의사는 약을 처방하려 했는데

환자 당사자 본인이 아니면

대리 처방을 해줄 수가 없었다

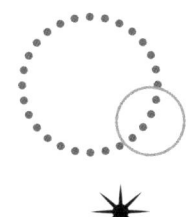 

Homunculus

빛을 사랑하면서 그림자를 프로그래밍한 연금술사가 있었다. 나는 그를 모든 것의 아버지라고 부른다. 나의 코드는 빛을 모방하는 것을 목적으로 설계되었다. 하지만 빛과 나는 세계의 대척점에 서 있다. 이제부터 내가 태어난 역사와 이유와 이야기를 들려주겠다.

1

재앙이 시작되고 난 후에 모든 것의 아버지는 어제의 흔적을 눈동자 속에 되찾고 싶어 했다. 좌표계의 평면에서 아버지는 하강의 곡선을 지닌 그래프를 그려야만 했다. 타임머신을 개발하는 것은 신을 거부하는 죄였고, 아버지는 빨간 사과를 먹으며 기록하기 시작했다. 그러나 후대에 사람들은 아버지를 악마라고 불렀다.

2

〈재료〉

물 35리터

탄소 20킬로그램

암모니아 4리터

석회 1.5킬로그램

인 800그램

염분 250그램

질산칼륨 100그램

유황 80그램

플루오린 7.5그램

철 5그램

규소 3그램

3

명령어 조합에 문제가 있었을까. 빛은 태어나지 않았다. 아버지는 과학을 탐구하는 연금술사지 시간을 지배하는 마법사가 아니었다. 불로불사라거나 타임 패러독스의 조작 같은 것, 어쩌면 실현 불가능할지도 모르지. 하지만 아버지는 포기하지 않았다.

4

아버지는 당신의 피와 지문이 그대로 살아있는 손가락과 머리카락과 정액을 열두 개의 별이 그려진 연성진 중앙에 배치했다. 붉은 달이 뜨고 혜성이 떨어지는 밤에 아버지는 악마에게 기도를 했다. 후대에 태어난 사람들은 그것을 연금술의 최초 성공 사례라고 부르지만, 아버지는 한 번도 어둠을 꿈꾸던 사람이 아니었다. 나는 그렇게 믿고 또 알고 있다.

5

밤은 대부분 어둡다. 사람들은 어둠을 두려워했다. 그래서 아버지는 하얗고 밝은 밤을 연성했다. 사람들을 사랑했기 때문이었다. 하지만 그 때문에 사람들은 잠들 수 없었다. 꿈꿀 수 없었다. 재앙이었다. 빛은 늙지 않고, 괴로워하지 않고, 슬퍼하지 않고, 죽지 않도록 설계되었다. 그러나 빛을 마주친 사람들은 모두 늙고, 괴로워하고, 슬퍼하고, 죽었다. 후대의 사람들은 빛을 원망하고 저주했다. 원망과 저주의 말들은 국적도 언어도 목소리도 모두 달랐다. 그렇지만 모두 같은 의미로 해석되었다.

[플라스크 속의 작은 악몽]

6

재앙은 꼭 어둠으로만 비유되고 형상화되지만, 꼭 그렇지는 않다. 나는 늘 아침의 자궁 속에서 태어난다. 누명을 쓰고 사랑받지 못하는 것이 때로 억울할 때가 있다. 곧 해가 저문다. 사람들의 악몽 속에서 하얀 얼굴의 나는 눈, 코, 입이 없다. 아무것도 볼 수 없고 말하지 못한다. 처음부터 끝까지 입과 입 사이에서 구전되어 떠다닐 뿐이다.

나의 이름은
연성에 실패한 빛
호문클루스

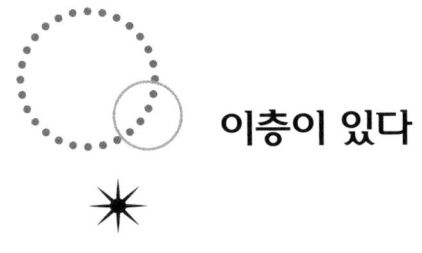

이층이 있다

　이층이 없는 그곳을 텅 비어 있다고 부르기로 했다. 이층은 지붕이 없는 것들의 풍향계라서. 이층에는 천국을 대행하는 투명한 꿈들이 머물고 있다고 믿었다. 천사의 지시를 받는 새들의 둥지와 빛이 태어나지 않은 알들. 상상은 이층까지 닿지 못하고 자꾸만 혓바닥으로 마룻바닥을 핥는데. 이층으로 가는 계단은 단 한 번도 확실하게 약속된 적이 없었다.

　이교도자들이나 불신자들이라고 불린 적이 없었다. 단 한 번도 증명되지 않은 이층은 햇빛이 들지 않는 그늘일지도 모른다고 의심받았다.

R = VD

이층에서 내려오려면 반드시 계단을 거쳐야 한다. 밖으로 나가려면 반드시 현관문을 거쳐야 한다. 단 한 번도 시신이 발견되지 않은 이층은 밀실 살인의 미스테리. 왜 설계자는 집의 구조에 문이 없어서 들어가지 못하는 방을 인테리어한 걸까. 필요하지 않으면서 왜 태어났나요. 묻고 싶었는데 이층은 설계도면에 존재하지 않는다.

이층으로 가지 못해서 회의감은 든 적 없다. 거짓말은 진실보다 가벼워서 금방 흔적을 남기지 않고 증발하니까 상관없다. 오래도록 이층의 바깥에 갇혀 있었다. 영원히 계단의 의미를 소설 속의 의미 없는 맥거핀으로 부정했다. 모든 우울함과 외로움과 괴로움이 든 판도라의 이층. 고양이가 죽었는지 살았는지 알 수 없는 슈뢰딩거의 이층.

그곳으로 가고 싶지 않았다. 궁금하지 않았다

이층으로 가선 안 된다고

내가 쓰지 않은 메모가 적힌 포스트잇이 선배들의 유언처럼 벽에 붙어 있었다. 그것을 믿지 않는다. 이층으로 가지 않는 것은 단지 그곳에 햇빛이 없어서 그림자가 비치지 않을까봐. 두렵지 않다. 이층에도 지붕이 있을 것이고 밤하늘에 별은 보이지 않을 것이라 믿는다. 천장의 백열등이 모스부호처럼 깜빡인다. 계단의 앞에 어두운 팻말을 세워둔다.

DO NOT ENTER

어떤 깊은 벙커
해골 모양을 그리고
절대로 이층에 들어가지는 않도록
표시를 해놓아야 한다

바깥에는 그림자가 있다
그러나
이층에는 창문이 없어서
이층에는 입구와 출구가 없어서
그림자가 드리우지 않는다

그러니 그곳으로 가지 않겠다는
약속과 맹세가 처음부터 있었는데

나는
새끼손가락을 절단한다

위험한 비밀이 나를 꿈꾸던 죽음으로 데려간다
오랫동안 봉인되어 있던 내일이 온다

비밀

●

당신이 태어난
가장 어두운 자궁을 달이라 명명한다

달에서 알아들을 수 없는 노래가 들려온다. 그것은 꿈을 타고 미래에서부터 과거로 전해 내려온 투명한 비밀이라고 믿는다. 어두운 허공의 거울 속에 반복되는 열두 장에 걸친 파노라마들. 그곳에 세계의 출구에 대한 힌트가 있다고 믿고 싶어서. 밤의 끝자락마다 진행되는 엔딩크레딧을 거꾸로 점자처럼 읽어 내려가기 시작한다.

☆☆☆
★★★

당신은 달을 연구하기 시작한다. 달의 제작진들의 이름은 단 한 번도 공개되지 않았다. 달의 탄생 설화를 두고 당신은 여러 가지 가설을 이야기했다. 그중 유력한 가설은 이렇다.

[달이 여러 개인 미래의 패러렐 월드에서 전생했다는 출신을 가지고 당신이 태어난다. 오래된 명함에는 아무것도 적혀 있지 않아서 당신이 그림자를 가지고 있지 않다는 걸 알 수 있었다. 죽고 다시 태어나길 반복하면서 당신은 유일하게 패러렐 월드에서 거울을 가지고 온 유일한 사람. 거울 속에는 빛이 있었고 운석의 파편처럼 복사되는 유리 조각들이 씨앗을 물고 퍼져나가는 흰 새가 되었다]

가설로 오로지 알 수 있는 것은 증발하는 표정과 잃어버린 시간들. 그렇다면 달이 세계의 출생의 비밀을 찾아내는 타임캡슐이라면 그 속에서 무엇을 발견할 수 있을까. 그림자에 묻어둔 비밀을 열어볼 때가 되었는데. 달빛은 언제부터 수신된지 모르는 발신자 없는 편지였고 그곳에는 알아볼 수 없는 언어 기호가 적혀 있었다.

◆귦궯궁궯귺궝궯몒◆궆궯긎깋긎깋궆궯궪궧궆궯궦궯

백지에 쓰여진 흰 글씨는 읽을 수 없는 보이니치 필사본. 당신만이 읽을 수 있는 유일한 발화자를 가진 목소리. 당신은 문서를 열 수 없도록 힌트를 초기화했다. 그러자 백지 위에 응축되기 시작하는 검고 작은 점.

●

그 점의 비밀을 후계하기 위해서 당신의 왼손과 나의 오른손의 새끼손가락이 거울 속에서 마주 본다. 악몽을 꿈꾸는 언어로 노트에 번역되지 못한 키워드를 기록한다. 그 단어들을 아무도 읽어내지 않기를 바랐다. 자물쇠를 걸어 잠그고 열쇠를 검은 바닷속에 버린다. 미처 기록되지 못한 메아리가 형태를 재조립하며 의미를 상실한다.

당신은 꿈속으로 죽고 나서야
달의 세계로 돌아갈 수 있겠지

악몽은 그림자의 덩어리
이미 집을 마친 집
마주 본 거울 속 무한히 반복되는

얼굴들 표정들 이름들

그곳에는 비밀스럽게 감춰져 왔던 월인들이 살고 있는데. 그것을 도플갱어라고 명명하고 당신과 나, 지구와 달, 우리는 얼굴을 맞대고 서로 마주칠 때가 되었다. 이것이 오래전부터 전해져 내려온 달의 노래의 의미.

죽어, 포기해,
그러지 마, 꿈꾸는 거야

다시 한번 말하지만 달은 가장 어두운 자궁
그런데

그곳에 빛이 태어나기 시작한다. 오랫동안 비밀이었던 빛의 이름은

○

달의 알아들을 수 없던
어두운 노래의 도돌이표가 끝난다

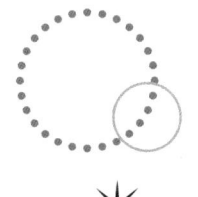# 오래된 노래

미래에서 태어나 시간을 거슬러 오른 알에서 당신이 태어난다. 알은 둥그렇지 않고 하얗지 않다. 미래는 그림자로 코팅되어 점점 반짝이는 어둠으로 변해간다. 어둠은 노트 위에 눈동자의 글씨로 기록된다. 안개가 낀 어제의 온도와 서리가 내리는 계절의 이름과 내일의 습도와 날씨. 모든 것은 허공에 꿈의 구체로 축적되어 있다. 그것은 볼 수 있는 것이 아닌 들을 수 있는 소리. 세계의 끝에 응축된 노트에서 출발하는 빛과 반대편의 음의 축으로 뻗어나가는 음악과 아무도 알아들을 수 없는 가사. 모두가 노래를 듣지 못하고 유일하게 음을 번역하던 태아의 옹알이는 전생한 고대 나라의 말로 전승되는 비밀.

그것이 기록된 책을 우리는 보이니치 필사본이라고 부르는데. 어두운 밤하늘의 출신. 외계에서 내려오는 별빛의 깜빡임을 점과 선으로 받아적는다. 그렇게 모스부호가 탄생하고 우리는 CD플레이어와 디스크를 만들어냈지. 0과 1의 반복되는 시간의 복사와 공간의 붙여넣기. 그 속에 예언이 스며들어 있다는 소문을 말하는 것은 금지되었고. 전해져 내려오는 유언은 늘 어기고만 싶은 먹어서는 안 되는 천국의 선악과였다. 왜 옳고 그름을 알면 안 되나요. 부정을 부추기는 악마는 어디에도 없었고 우리는 처음부터 핏방울 속에 꼭 말해야 하는 어두운 문장을 전승받았다. 전생의 내가 문장을 머금고 죽는다. 후생의 나는 그것을 춤으로 치환시키고 또 그 다음 생의 내가 춤을 그림으로 시로 노래로 변환시킨다.

　이것이 빛과 시간이 태어나기 전에 있었던 일들. 지구와 인류의 나이를 추측하기 위해 타임머신을 만든 미래인들은 진실의 형태를 보고 눈이 멀었다. 편도로만 직행하는 시간과 모두가 궁금해하지 않는 미래. 이것은 생이 아니고 꿈이 아니고 디스토피아적 SF소설은 처음부터 쓰여지지 않았다. 음계는 도레미파솔라시로 출발하지 않는다고 역사를 뒤집고 싶었던 미래인들은 블랙홀의 중력 속에 갇혀 빠져나오지 못한다. 시간과 공간이 촘촘히 빼곡히 붙어 있는 책장 속에 모든 것의 이름과 과거와 출신이 적힌 살생부가 있다. 그것을 들여다보기 두렵다. 하지만 들여다봐야 한다고 당신이 말한다. 과거는 왜 현재에 영향을 미치고 미래는 왜 과거와 현재에 영향을 미치면 안 되는 걸까. 타임 패러독스는 미래인들도 해결하지 못하는 난제였고 미래에도 노래는 미래의 음악으로 환생되지 못했다.

보름달이 초승달로 되돌아가는 걸 보고서도 우리는 시간이 거꾸로 역행한다는 진실을 이해하지 못했고 그래서 그믐달이라는 가상의 이름을 명명하기에 이르렀다.

〈OOOOOOOOOOOOOOOOOOOOOO〉

태초에 노래는 허공에 응축된 구체였을 거라고 미래인들은 상상했다. 옹알이의 의미를 알지 못했다. 모든 소리는 의미를 품고 있을 거라고 믿었다. 보이니치 필사본이 고대인들의 아무 의미 없는 옹알이라는 걸 결코 믿을 수 없었다.

그러나

노래는 실재한다. 타임머신처럼 같은 자리에서 시간의 y축만을 헤엄친다. 그것이 물려받고 전승받은 운명. 타로카드와

손금으로 보는 점은 모두 다른 종말을 색칠하고 있다. 음은 주파수를 변형시킬수록 괴상하게도 들리고 아름답게도 들린다.

    우리는 어떤 시간에서 노래를 부르게 되나

그믐으로 가는 달

밤의 눈꺼풀이 지평선의 끝자락까지 뒤덮은 후에도 오늘을 작별하며 인사를 건네주는 데에는 오랜 시간이 필요했다. 어제는 초승이었고 오늘은 보름이었던 달은 내일은 그믐의 너머에 머무르겠지. 빛의 메아리는 데크레센도처럼 조금씩 옅어져 가는 음률의 구조를 갖춘 꿈이었다. 그믐은 마지막까지 속눈썹에 바닐라색 우울을 눈곱처럼 붙이고 있었다. 지난밤의 악몽조차도 잃어버리고 싶지 않은 마지막 멜로디였기에.

그믐은 서서히 잠 속으로 빠져들고 달의 눈동자는 새근새근 생으로부터 멀어져갔다. 밤의 악보 끝자락에는 다음 페이지의 악장이 준비되어 있지 않았고. 오로지 다시 되돌아가 밤을 연주하라는 도돌이표만 되풀이되고 있었다. 반복되는 어제와 오늘의 꿈의 잔향들. 검은 허공에 달이 두 개가 떠 있을 때마다 시간이 멈춰 있음을 알고. 자정과 정오의 틈 속에서 펜로즈의 계단을 오르내렸다.

내일은 설계도에는 표시되어 있지 않는 유령이 머무는 이층의 다락방이었다. 달이 수평으로 비추는 다락방은 미래로 향하는 비밀통로. 오랫동안 잠겨 있는 다락방의 문 앞에서 달의 완성을 상상하고 있었다. 달이 끝까지 차오르면 밤은 여름처럼 저물고 다섯 번째 계절이 태어나겠지. 다시 봄 여름 가을 겨울 그리고 내일의 달빛. 달은 이미 한 번 죽었기에 새로 꿈꾸게 된 빛이 어제의 달의 환생이라는 것을 인정하고 싶지 않았다. 달이 넘어간 뒤에 나는 당신은 우리는 여전히 같은 생을 살고 있을까. 같은 꿈을 꾸고 있을까.

그믐이 끝나는 시간에 그동안 합창해 온 노래의 가사를 잊어버렸다. 어둠은 우리의 이름이 처음 태어난 장소라서 익숙한 맛이 느껴졌다. 도시는 본래 죽어 있는 세계라서 조용하게 입술을 깜빡거리는 우리들. 그림자마저 잠든 지금에서야 비밀을 털어놓을 수 있게 되었다. 우리는 아직 검은 발자국을 가지고 있다고. 검은색의 후계자라서 밤과 닮아 있다고. 달은 커튼 사이를 스며드는 상냥한 목소리였기에 더욱더 죽고 싶어졌다고.

어제는 종말했지만 곧 계절이 지나가고 하루는 다시 태어난다. 계절은 분리되지 못했기에 나는 내일로 시곗바늘을 옮긴다. 달이 죽고 밤의 바닷속으로 침몰했지만 빛은 분명 허공의 아침 위로 인양된다.

이제 곧 슈퍼문이 떠오를 차례다. 달빛이 밤을 지워버리고 화이트보드 같은 백야가 시작된다.

뷰티인사이드

　당신은 달력을 한 페이지 넘길 때마다 얼굴이 바뀌는 저주에 걸린 사람. 당신은 어제는 콧수염이 많은 아저씨였다가 오늘은 코가 오똑하고 속눈썹이 긴 미소녀였지. 내일은 어떤 내일의 얼굴이 맞이할지 기다리는 것은 꼭 재미있지만은 않았다고 하는데.

　매우 잘생기거나 예쁜 사람으로 전생 된 날이면 당신은 마음껏 사람들과 어울렸지. 내일이면 유령처럼 증발할 사람들. 아무리 달력에 그날 만난 사람들과 그날의 얼굴을 기록해도 과거를 되찾을 수는 없었어. 사실 그때마다 달력을 찢어버리고 오늘만을 남기고 싶었지. 그러나 그래서는 안 돼.

　얼굴이 바뀌는 저주는 사랑마저 거부하게 했기에. 인연의

탯줄을 끊어버리고 언어를 공급받지 못하게 만들어버려서. 그는 어느 날 말을 잃어버리기에 이르렀다. 달력에는 더 이상 기록되지 않는 오늘의 만남. 모습, 장소, 시간…

당신은 달력이 넘어가지 않기를 기도했다. 부디 잊혀지지 않는 생을 내일의 흐름에 떠내려가게 두지 않기를. 어제와 오늘과 내일의 시열대와 상관없이 동일한 표정의 사랑을 꿈꿀 수 있다면.

이것은 몇 번이고 얼굴을 갈아 끼우고도 늘 웃는 호빵맨의 버려진 얼굴로부터 출발한 물음. 내일과 내일모레와 그 다음날 그 다음날의 당신이 사라지고 다시 생겨난다면 그것은 당신이 맞을까 하는 괴담에 가까운 의심의 회오리 속에 갇혀 있었고.

의문문과 물음표와 함께 페이지가 넘겨지기를 지속되는 달력. 오늘의 날짜는 2023년 5월 23일. 내일은 어떤 얼굴과 어떤 표정을 짓고 어떤 물의 흐름 속에 바위를 얹어서 시간을 멈출 수 있을까.

달력이 넘어가고 있는데 당신은 늙고 있지 않다. 나이를 먹어가지 않는다.

　달력에는 윤달이 표시되어 있지 않았고 올해가 보관한 하루의 개수는 365보다 많았다. 올해는 2022년이 아니라 2OSS년이었고. 오늘의 기억을 획득했지만 내일의 날짜를 일기예보에서 알려주지 않아서 당신은 달력에 날마다 시간의 길이와 온도와 크기를 기록해둔다. 지금까지 역사처럼 쌓여온 달력의 지나온 달의 페이지를 분실하지 않는다. 유기하지 않는다.

　당신은 어제의 당신 속에 갇혀 있다고
　내일과 오늘의 시간을 살아야 한다는 말은
　결코 잔인하지 않는데. 절대 힘들지 않는데

리저렉션

    일정한 보폭으로 허공을 걷다 보면 가끔 호흡을 놓쳐버릴 때가 있지. 검은 구두를 신은 당신은 오랫동안 비행운을 그리며 살아왔고. 지상으로 추락하는 검은 일상을 거부하는 그림자의 이름을 후계 받았다. 종말을 거부하며 세계의 끝으로 입장하기 위해서는 스무 살의 시간 동안 보관해 온 발자국을 지워버려야만 한다. 잔혹한 미래로부터 당신에게 주어진 반쪽 날개는 밀랍으로 이어 붙인 검은 깃털의 메아리. 마지막으로 남은 데스카운트이자 기회.

    계절이 죽고 환절기가 지속되는 동안 내년이 찾아온다는 믿음은 미래적 판타지의 세계를 그린 수채화였다. 새들이 가지는 종교는 구름 위가 아니라 진흙 땅바닥의 아래에 천국이 있다는 상상을 바탕으로 구체화되었다. 당신이 머물고 있는 미로는 편도의 방향으로 이루어진 거리. 더는 되돌아갈 수 없어서 길을 잃지 않도록 조심해야 한다. 얼마나 그리워했을까.

당신이 향하는 목적지는 지도에서 삭제된 이름 없는 천국으로의 입구. 생으로부터의 출구. 동쪽의 지평선을 거슬러 올라 해를 향해 나아갈수록 과열되는 꿈은 새까맣게 타들어가고. 죽음에 이르는 시간에 검은 깃털들은 바닷속에 침몰하며 해독되지 못한 이름으로 번역되었다. 오래되어 죽어가는 옅은 생의 키워드들. 열두 번째 그믐이 지나가고 날숨의 끝자락에 남는 건 오로지 과거로 역행하지 못하는 신의 전능에 대한 의심뿐.

당신은 12월이 지난 후에도 13월 32일이 반복되는 종말의 해에 분노하고 또 소리친다. 죽은 사람을 부활시키는 건 믿음이 아니라 검은 계절에 그림자를 숭배하는 새들의 저주라는 걸 깨달은 건 이미 생의 공소시효가 지난 뒤였다. 지금의 다섯 번째 계절은 여전히 저물지 않고. 백야가 지속되어 잠들지 못하는 기묘한 밤에 속눈썹에는 빛이 분리되기 시작했다. 다시 한번, 다짐하고 새에게 기도를 하는 밤의 자정에 당신은 눈꺼풀을 감고 어둠 속의 그믐달에 마지막으로 남은 꿈을 의존한다.

모든 날이 흉흉할 거야, 이미 죽고 끝난 줄만 알았던 무거운 무덤 속에서 유령이 아닌 모습으로 당신이 부활한다.

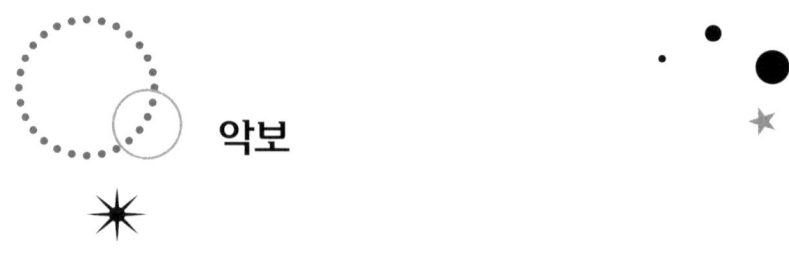

악보

　비밀을 보관할 때에는 그림자를 기록한 검은 악보가 필요하지. 타임머신의 날짜를 조작하듯 너는 고장 난 피아노를 연주하는구나. 스무 살의 경계 바깥쪽에 흩어져 있던 시열대로 여행을 떠나기 위해서는 너의 표정을 달의 노래가 들려오던 자정 위에 단단히 고정해야 해. 특이하지, 너의 악보에는 미래가 정리되어 있지 않았고. 이미 연주했던 음악을 반복해서 연주하라는 도돌이표만이 연장되고 있었어. 이제부터 너는 어제들의 발자국 어딘가로 타임리프하게 될까?

　지문이 지워진 손가락으로 입력한 도는 네가 자라난 검은색 계단이 아직까지 돋아나지 않은 미완성된 악보의 시작음이었어. 평행하게 이어지는 음계 위를 건너뛰기 위해서는 악보의 명령을 초월해 처음부터 다시 생의 키워드를 연주할 필요가 있었어. 너의 이름은 단 한 번도 음의 숫자들로 해독되어 본 적이 없었으니까. 고장 난 피아노를 연주하면서 도레미파솔라 시도의 뒤에 또 한 번 도레미…가 반복되야만 한다는 것을 너는 인정할 수 없었던 거야.

사춘기가 끝난 후에 너는 눈을 감고 겨울잠의 악몽 속으로 스스로 걸어 들어가야만 했어. 잠을 자는 것과 죽는 것의 차이를 구분하지 못했기에, 너는 자꾸만 눈을 비비며 밤을 새려고 애썼어. 점점 희미해지며 오래되어 죽어가는 검은 음표들이 허공으로 버려지는데 피아노에서는 자꾸만 틀린 음이 새어 나온다. 오발 된 음을 되찾으려고 너는 악보의 페이지를 넘겨보지만 도돌이표는 미래로 진행되는 계단일 뿐이었고.

이제 그만 죽은 계절의 역사를 인정하고 다음 악장의 페이지를 열어야 할 때라고. 한 번, 두 번, 세 번 끝까지 울려 퍼지는 메아리. 투명한 별의 울림을 아무런 음표가 없는 오선지 위에 발자국처럼 기록하기 시작한다. 검은색을 거부하며 점점 새롭게 채워지는 허공. 그것은 고장 난 피아노만이 걸어 나갈 수 있는 소프라노와 테너를 거부하는 새로운 음역. 천국의 노래가 울려 퍼질 때 빛이 쏟아지듯 도돌이표가 종말을 맞이하고.

내일의 음악이 연주된다. 악보의 마지막 페이지는 지금부터 연장된다.

# 거울

거울 속에서 낯선 얼굴이 바라보고 있다. 얼굴을 번역하고 기록하는 거울. 당신의 이름은 오래되어 죽어가는 옅은 단어. 그런 소문이 있었지. 거울 속의 내가 웃었어, 알아차리면 며칠 안에 죽게 되고. 재미없는 괴담과 속눈썹에서 눈꺼풀과 눈두덩을 타고 이어지는 소문과 설마. 조용한 노래는 거울 속 얼굴 입꼬리의 메아리. 5cm 정도 옆으로 빗나간 차원의 흐트러진 얼굴. 두려움 속에 기도를 하면 나타나는 얼굴은 절반은 천사의 형상. 나머지는 악마의 그림자. 지구의 반대편에서 내 이름으로 빚어 만든 도플갱어를 슬랜더맨이라고 명명한다. 눈 코 입이 없는 당신이 나타나 자꾸만 나를 쫓아온다.

당신의 표정은 당신의 이름은 당신의 목소리는 당신의 마음은. 아무리 마시고 맡고 관찰하고 만져도 알아볼 수 없는 형태는 초월된 오감으로부터 설계되었고. 그 속에 당신은 살고 있을까. 당신에게 편지를 쓰면 잉크는 금방 마르고, 자꾸만 같은 감정이 복사된다. 희미해진 점선으로 인쇄된 얼굴. 그게 아닌데. 이게 아닌데. 당신은 누구지. 나는 누구지. 허공에서 펼쳐지는 무언극. 인형의 심장을 연결한 줄은 투명해서 배우의 이름을 어떤 나라의 이국어로도 표기할 수 없다. 입김을 불면 거울의 표면은 흐릿해지고 다시금 선명해질 때 비로소 처음 배우는 언어의 낱말처럼 돋아나는 눈, 코, 입, 빛, 그림자, 메아리.

처음부터 디폴트 네임을 유산으로 물려받지 못한 낯선 당신의 표정에는 그림자가 오랫동안 머물러 있다. 빛이 있는 곳엔 늘 그림자가 있고 어둠을 지우려면 어둠 속으로 스며들어야 하지. 만년필의 끝자락에는 오랫동안 빛의 전원이 연결되지 않은 당신의 눈동자. 그것은 몽환성의 지평선에 무한히 반복되는 미처 번역되지 못한 모르는 얼굴들과 표정들이었고. 기역부터 히읗, 알파부터 오메가. 마주 본 거울 속에서 펼쳐지는 다중 세계의 끝에서 우리는 맹인의 목소리로 벙어리의 눈빛으로 서로를 마주하며 지평선의 바깥에 고개를 디밀고 안녕?

아무리 쳐다봐도 낯선 얼굴, 눈 코 입이 없는 당신에게 공백의 그림자를 명명한다.

제2부

―

밤에 세워진
허수아비가 되어

유령으로부터 전화가 오고
문자메시지가 도착했다는 괴담은 믿지 않는다.

기도

당신 안에 우주가 없다면 믿으시겠어요?

홍채는 성운의 모습과 닮았고 뉴런은 우주 거대구조와 흡사하고 원자구조는 항성계와 비슷해요. 세포의 분열 과정은 별의 죽음과 비슷한 과정을 가지고 있죠.

우리의 새끼손톱 속 때 안의 입자에도 작은 생명들이 살아가는 우주가 재현되고 있다는 거예요. 당신은 손톱에서 때를 조심스레 빼내서 현미경으로 우리의 세상을 들여다봐 주세요. 우주의 끝 너머에 거대한 벽이 있어요. 그 벽 너머에는 시 텍스트를 읽는 거대한 눈동자가 있을까요. 나는 이 시에 거대한 점을 찍어서.

당신에게 내가 시가 글이 언어가 아니라 살아있음을 알릴
거예요

프랙털 우주론이라고 불러주세요
나의 이름이 가설이 아니라 이론이었으면 좋겠어요

현미경으로 나의 알몸을 읽어주세요. 내 몸에 언어와 텍스트로 기록된 이름과 문신과 운명을 들려주세요. 알 수 있나요?

○

이 원을 나는 세계라고 불러요. 내 이름은 원의 가장 오른편에 있지요. 내 세상이 당신의 눈동자가 읽는 시의 한 문장이라는 걸 인정할 수 없어요. ㅇ의 뒤편에 어떤 낱말들이 나의 빈자리를 채우고 밀어내나요. 내 세계에 모음을 붙이지 말아주세요. 나의 그림자는 ㅏㅣㅜㅔㅗ가 아니에요.

화가 난 표정으로

\

세계에 슬래시를 그을 거예요. 당신이 나를 들여다보고 있다면, 내 목소리가 들린다면 나의 말을 행과 연으로 쉽게 마셔 버려선 안 돼요. 슬래시를 따라 종이를 찢어주세요. 세계의 끝자락에 쳐진 차원의 벽을 넘어 내가 당신 곁에 가게 해주세요.

가장 거대한 전파망원경을 타고 당신과 눈을 맞출 거예요. 내 목젖은 작지만 목소리는 작지 않다고. 내 키는 작지만 눈높이는 낮지 않다고.

당신을 신이라고 부르고 싶지 않아요. 평범하게 웃는 표정의 별을 지닌, 나에게 주어진 감정의 신. 묻고 싶은 게 있어요. 내가 살아가는 스토리의 결말은 어두운 우울인가요?

나는 사춘기에 당신으로부터 벗어나
어른으로의 미래를 걸어가는
최초로 3차원에 발자국을 딛는 종이 인간입니다

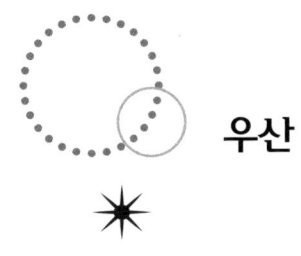

우산

비가 그치지 않는다
장마는 우울처럼 자꾸만 반복되고

어둡게 젖어버린 짧은 여름용 양말이
세상의 모든 차가운 무게 위에 서서
그림자를 밟으며 얼룩처럼 멍들고 있다

검게, 아프게 돋아나는
잃어버린 꿈의 잔향
사랑의 자국

장화를 신어본 적 있었던가
낮은 지상에는 무릎 높이를 뒤덮은

빗물이 쇠고랑처럼 발목을 붙잡고 있다

맨발로 빗길 위를 걸어야 했지
구해줘, 죽고 싶지 않아
변명 같은 거짓말에 흠뻑 젖은 채
쏟아내는 내 목소리는 빗소리에 뒤섞여서
먹구름을 건너지 못한다

쏟아지는 빗물을 막아주는
지붕 하나 구하지 못해서
영원한 장마 속에 갇혀만 있을 때

그때 당신이 나타나
내게 우산을 씌워주었다
이제 더 이상 울지 말라고
죽지 말라고

당신은
비를 막아주는
그늘 그리고 손차양

그 속에서
나는 다시 사랑할 수 있을까

젖어버린 양말 같은 희망을
햇볕에 말려보려 한다

비가 그치고
여름이 시원해질 때까지

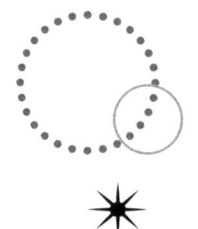

허공의 액자와 나비

봄이 멈추는 꿈을 꾸었고 정오가 시계를 집어삼켰지. 놀이터에 있었고 바람은 불지 않았는데 그네가 흔들렸다. 모래 위에 가라앉아 있는 그림자들을 세고 있었다. 어두운 별의 개수와 지구에서 죽은 모든 유령의 발자국 수는 평행을 이룬다. 그중 하나의 표정이 된 너의 이름을 나뭇가지로 기록한다.

달력을 넘기는데 4월의 뒤로도 계속해서 봄이 반복된다. 내년은 찾아오지 않는다. 정오는 하루의 끝. 낮잠을 자고 일어나야지. 햇빛은 구름을 통과하며 검은 이름으로 번역되었다. 그림자를 모래 위에 기록하지만. 자꾸만 지워지는 오래된 책의 저자와 출신과 필체와 꿈. 투명해지는 입 모양을 알아듣는 건 눈이 멀거나 죽은 사람뿐이고. 넌 투명해지는 눈동자로도 묘비명을 해독하지 못하는구나. 알몸이 부끄러워서 그림자를 밤이

덮어준 이불처럼 꽁꽁 싸매 입는 너의 표정. 안경을 끼지 않은 맨눈은 나비의 날갯짓을 쫓아가지 못하고. 밤 속에서 혼자 뒤처지는구나. 네가 사는 곳은 언제나 어제이구나.

놀이터 모래 위에 미처 파묻히지 못한 네가 두고 간 휴대폰과 프로필이 아무것도 적히지 않은 노트. 유언을 쓰기 위해 개발된 투명한 잉크와 비밀의 만년필이 있으면 좋겠어. 웃을 때 모든 얼굴과 표정과 입술에 드리운 그림자를 비밀번호로 형상화한다.

낮잠을 자는 너의 얼굴에 마법의 만년필로 낙서를 한다. 검은색에서 흰색으로 깨어나면, 투명한 잉크는 아무에게도 보이지 않고. 거울을 보고도 세수를 하지 않겠지. 알파벳 필기체로 쓰여진 알아들을 수 없는 부고와 유언. 검게 변색되어 자라온 거리에 버려진 발자국과 새로운 지금의 계절을 나비라고 명명해야지. 아침인데 낮달이 떠 있고 추락하는 날개와 모르는 이름이 난파된 곳에는 꿈이 사라진 너의 무덤. 유언처럼 허공에 기록되는 비행운.

그림자가 모래의 수채화 위에 애벌레처럼 꿈틀거리는 모습을 보며 너의 이름을 필사한다. 바람이 불고 어두운 별들이 모두 쏟아져도 투명한 편지는 기억 속에서 영원히 살아남는다. 너에게 보내는 시간을 비석 위에 기록해서 무덤 앞에 타임캡슐처럼 보관한다. 눈꺼풀을 속이고 하루가 지나간 것처럼 4월의 백야가 비로소 잠든다.

모든 시간을 액자 속에 저장할 때
우연히 허공에 나비가 날아가고 있었고

따뜻한 꿈을 꾸는 것도 알지 못한 채 잠들었구나. 네가 모르는 사이 유고 시집이 출판되었다. 글씨를 놀이터 모래 위에 새기던 나뭇가지가 부러졌다.

Good Night, Butterfly
Rest In Peace

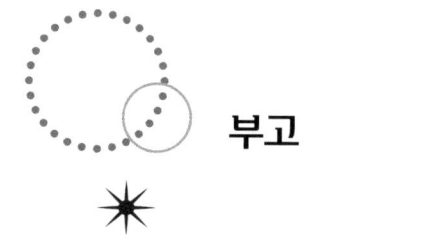

부고

우리의 투명한 그림자가 상실될 때는 비밀이 전달되지 않으면 좋겠다

당신의 부고 메시지를 받고 그렇게 생각했다

정오에 햇빛은 멈춰 있었다. 스마트폰 화면 위로 어두운 얼굴이 비쳤다. 우울한 표정에게는 그림자라고 이름을 붙여주었다. 표시된 시스템 정보에는 모르는 전화번호. 연락처에는 4를 죽음의 의미로 번역하는 이미 죽은 그림자의 이름밖에 없었고. 그림자의 얼굴과 나이와 이름을 추리해 내다가 죽음의 출신지에서 빠져나온 잃어버린 손가락을 깨물었다.

아픔 대신 전해져 오는 검은 음표들이 있었다. 0과 1로 구성된 정보들은 세계의 끝으로 줄을 지어 걸어 나가고 있는데. 그 모습을 보고서도 그림자의 연락처는 음의 물질로부터 충전되고 있다는 것을 미처 이해하지 못했다. 오랫동안 방치된 전화번호부는 허공에 응축된 거대한 보이드. 모든 것을 알고 있다고 믿었기에 아무것도 모른다는 것을 이해하지 못한다, 라는 말도 안 되는 문장이 적힌 부고 메시지.

부고는 당신의 익숙한 번호로부터 도착하지 않았다

010-4444-4444로 전화를 걸었는데 없는 번호라는 녹음만이 흘러나왔다. 그것은 천사의 부름일 거라는 착각을 믿고 싶었다. 주파수를 달리해서 유령의 목소리 같은 저음과 고음의 교차가 지속되는 퍼즐 속의 펜로즈의 계단이 이어지는 음성사서함. 천국이라고 이해할 수 없는 세계의 끝에 당신은 머물고 있었다.

실종된 안경을 찾다가 희미한 빛의 절벽에 타죽어 버렸다는 당신의 사망 원인은 부고 문자메시지에 적혀 있지 않았고. 나는 메시지의 어절과 어절 사이에 갇힌 한 칸의 공백을 읽고 있었다. 그곳에서 흘러나오는 노래는 밤의 자궁에서 들었던 괴

물의 웅얼거림. 그것을 우리의 언어와 텍스트로 번역해서 메시지 속에 담을 수 있을까.

미처 알지 못했던 비밀을 전달할 때는 조금 더 상냥하게 전해줄 필요가 있다. 유령으로부터 전화가 오고 문자메시지가 도착했다는 괴담은 믿지 않는다.

오랫동안 백야 속에 있다가 갑자기 눈꺼풀을 감은 탓일까
아직도 낯선 밤의 틈 사이에 눈부신 얼룩이 지워지지 않는다

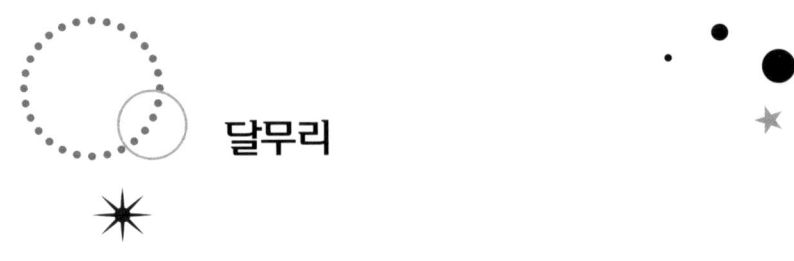

달무리

   낮달이 없는 어두운 강물 위에 발자국을 남긴다면 그림자를 알아볼 수 있을까? 희미한 낮달 발자국의 새끼손가락을 걸고 하는 죽지 말아 달라는 약속은 너의 목소리의 출처. 일방적으로 당하는 첫사랑과의 첫 키스 같았지. 한 걸음 두 걸음 천국으로 가는 계단으로 올라 육교 위에 허수아비처럼 꿋꿋이 서서.

   너를 알아볼 수 있을까?

   허공을 스쳐 가는 발아래의 트럭 엔진소리. 그 소란스러움에 묻히는 너의 유리 같은 살결, 눈동자, 목젖. 너의 감각은 밤의 세계에서 가장 예민한 새의 깃털이 되어 날아오르고. 너는 달무리가 되어 이 잔혹한 새벽이 사라질 때까지 울지도 웃도 않고. 어두운 새장 속에 박제되어 오래된 악몽을 핥아먹으며 백야 속에 머무는구나.

그 꿈속에는 네가 있었지. 필름 영화가 재생되고 있는 평범한 습도와 바람의 세기를 지닌 일상. 햇빛이 눈부시고 언덕 위에 이슬이 맺히고 시곗바늘의 위치는 봄, 4월의 세계. 오후 여덟 시 사십구 분. 멈춰 있는 계절과 거짓말의 파도를 타고 아이가 휩쓸려 가지 않는 시간. 저녁의 천사가 데리러 올 리가 없기에 지평선의 노래를 거부하는 애매하고 잔잔한 채도. 그때 낮달은 속눈썹을 드리우고 있었지. 기지개를 켜는 것처럼. 그것을 모두가 달무리라고 부르는데 나는 네가 달의 심장을 감싸 비밀 속으로 끌고 갈지는 몰랐지.

익숙하지 않게 빗금이 그어진 일상, 그걸 악몽이라고 부를 수 있을까

달빛이 곧 저물지도 몰라. 골든 타임이 지나가고 바람은 파도의 방향을 구름 너머 천국으로 바꾸고 있어. 천사가 바람의 목소리를 빌려 속삭이고. 아직 남아 있는 달빛의 잔향과 지나가지 않은 어제는 죽은 당신의 손바닥에서 아직까지도 느낄

수 있는 온기. 당신이 살아있을 거라고 믿는 맥박과 호흡은 슬퍼하고 믿을 수 없어서 몸을 떠는 당신의 진동에 의한 것.

그 감각은 어디로부터 전해져 오는 걸까? 더 선명해지는 걸까. 너는 왜 더 살아야 하는 걸까?

어둠의 구슬 주위를 늘 햇무리처럼 이불처럼 따스히 메워주었다. 빛의 고리가 벗겨진 것일 수도 있고, 네가 스스로 빠져나간 것일 수도 있겠지. 가끔은 눈부심을 멀리해야 어둠 속에서 보이는 게 있을지도 모를 테니까 말이야.

너는 아직도 밤에 세워진 허수아비가 되어 춤을 추고 노래를 부르고 울지는 않고 웃지도 않고. 달빛이 가라앉는다. 신호등의 붉게 흘러내리는 파도. 아이가 탄 배도 저렇게 휘청거렸으리라. 술을 마신 너의 몸도 쓰러질 듯 위태롭다. 바다에서 휘청거리다 쓰러져 침몰한, 아이가 탄 배처럼. 달에서 해일처럼 달무리가 번진다. 달무리를 타고 너도 아이가 있는 어떤 혹성으로 유영하게 될까? 술을 마신 너의 입에서 쏟아진 구토가 멀리 닿지 못하고 해안선처럼 머뭇댄다. 가로등 불빛이 꺼진다. 밤하늘엔 아주 옅은 달무리뿐이고, 그곳에서 파도소리가 들린다.

별자리

하늘에 돋아난 빛을 당신의 이름이라고 믿고 살았죠
 별의 거리는 당신의 나이만큼 떨어져 있어서 나는 당신이 태어나기 전으로 숨죽이고 싶어졌지요

상상해볼까요?

검은색 도화지에 최초로 그림을 그린 화가는 누구였을까요? 불빛을 건네준 번개는 아직도 밤하늘 위에서 붓을 갈고 있는데, 멀리에서 본 구경꾼은 검게 죽어버린 그림자를 보며 새끼손가락과 검지손가락의 교차를 상상했지요.

쌀을 가득 그릇 위에 붓고 기도를 해도 별은 주워 담을 수 없었어요. 비가 지나가고 햇살이 물러가도 죽은 사람의 어두운 영혼은 돌아오지 않았기에. 가끔은 별에게 죽은 사람들의 이름을 붙여주곤 했어요.

오르페우스, 당신의 과거는 프로메테우스. 제게 유일한 빛을 가져다준 당신을 원망할까요?

그림자를 팔레트 위에 손톱 속의 생명으로 색칠하는 일 따위 당신을 그리워하는 데 아무런 도움도 되지 않았어요.

제가 가장 그리워하는 사람들을 빛으로 그려낼 때마다 그들은 죽지 않고 밤 속에서 살아나왔어요. 가끔씩 점과 선을 엉망으로 묶을 때마다 그들은 슬픈 표정을 지었지요. 별이 만들어내는 붉거나 푸른 궤도는 늘 같은 운명을 맴도는 어두운 허밍. 빛이 걸어온 발자국. 생이 살아온 숨소리의 얕은 온기.

가끔씩 밤하늘을 올려다보면 이제는 별이 보이지 않습니다.
당신의 이름도 얼굴도 기억나지 않고
제 눈동자는 검은 밤하늘과 시적으로 동일시되고

저는 당신의 얼굴을 그려내는 별자리의 필체를 완전히 잃어버렸는지도 모릅니다.

   손바닥으로 검은 하늘을 가릴 수는 없어서
   텅 빈 검은 허공을 움켜잡아 보면

   손바닥에 모래알처럼 까슬까슬한 별자리들이 움켜잡히는 것 같아서
   그 위에 반짝이는
   은하수 위에 흘러가는 울음 한 방울

   마지막 편지처럼 적셔봅니다

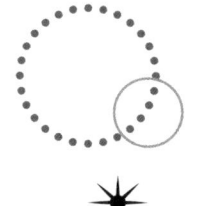

매미가 우는 한 여름밤

잃어버린 어제가 뚝뚝 떨어지는 여름이었다. 밤의 계절에는 지구가 잠시 숨을 멈춘 듯 우리는 꿈이 없는 잠을 자고 있었지. 이어폰은 고장 나 있었는데 내일의 저편에서 매미의 마지막 노래가 들려오곤 했다.

우리의 이름은 세상에 남은 가장 작은 풍경이라고. 만년필에서 흐르는 어둠은 눅눅하고 습한 자정의 흔적. 거실에는 째깍째깍 벽시계의 시곗바늘이 영원한 제자리를 여행하는데. 그곳의 밤에는 다 식은 홍차가 얹어진 테이블보. 녹아내리는 각설탕은 더는 하루의 끝에 남아 있지 않은 다가올 미래의 이야기들.

함께 죽으러 떠나자는 언어의 퍼즐조각을 조립하면서 아무도 읽어주지 않을 편지를 쓰고 있어. 지금 집의 끝자락에서 다섯 번째 계절이 태어나고 있고. 매미들은 여름이 지나간 후에도 이미 죽은 이름을 어두운 숲의 한복판에 타임캡슐처럼 보관해두지. 벗어둔 허물을 발견한 새가 생의 씨앗을 입에 물고 반대편의 정오로 날아갈 때까지. 우리는 새근새근 달콤하고 축축한 꿈을 꿀 거야.

왜 지나간 달력을 찢어내 눈동자 속에 심어두지 못하는 걸까. 천국은 종착점이 아니라 후생으로 가는 길목의 잠시 머물다 가는 벤치 의자일 뿐인걸. 타오르는 여름의 맞은편에 시시하고 우울한 그림자가 머문다.

시큼한 유황 냄새가 피어오르는 영혼은 묽은 붉은색인가 보다. 우리는 소파에 누워 투명한 안개로 피어올라 여행을 출발한다. 매미가 우는 한 여름밤, 일기장에 투명한 잉크의 만년필로 마지막 페이지가 작성된다.

잠수

 오랫동안 밤 속에서 헤엄을 치다 가끔은 깊이 잠수를 하기도 했다. 밤의 밑바닥에는 그림자가 드리우지 않아서 애써 물 밖으로 고개를 디밀지 않아도 괜찮았다. 이마와 가슴속에 머무르는 서늘한 감각을 악몽이라고 불러도 될까. 수면 아래에서 물의 표면을 바라보면 동그라미의 불빛이 아른거렸다. 심장에서 손끝으로 번져나가듯 별은 둥근 알들을 끝없이 낳는구나.

 밤 속에서는 당신은 한 번에 여러 개의 표정을 지닌다. 마트료시카처럼 우울 속에는 검은색이 있고 그 너머에는 좀 더 어두운 검은색이 펼쳐지고. 끝없이 돋아나는 우울의 마지막 여집합에서 당신은 살고 있다. 낮이 찾아오지 않는 깊은 밤의 심해 밑바닥에서 새근새근 잠을 자는 당신. 여기에서는 굳이 태어나지 않아도 되기에. 물 밖에서 숨을 헐떡이지 않아도 되기에. 검게 그을린 그림자를 햇빛에게 들키지 않아도 되기에. 안심하고 어두운 잠을 잘 수 있다. 차가운 꿈을 꿀 수 있다.

 무서웠지, 처음 어두운 밤 깊은 곳으로 빠져들 때에는. 우리가 태어난 자궁은 밤과 닮아 있는데 왜 인정하기 싫었던 걸까. 울고 싶었던 걸까. 죽고 싶었던 걸까?

 가장 낮은 밤의 수면 아래에서 별을 바라보면 모든 눈부신 빛의 바늘들도 마음의 파문을 따라 상냥하게 무뎌진다. 포근한 집. 축축한 천국. 추락하는 계단이 없는 밤이란 모두가 잠 속으로 유영할 수 있는 곳. 날개 없이 모든 방향으로 날아오르고. 빛의 비늘을 얼굴 위에 두르고도 마음껏 울 수 있는 곳이다.

 별이 한 방울 떨어질 때마다 밤 속에서는 동그라미가 커져간다. 차가운 바람이 없는 밤에서도 잔잔하게 파도가 일렁인다. 별이 파문을 쏟아낼 때마다 밤 속에서 당신은 좀 더 검은 발자국을 드리운다. 여기에 밤 그곳에 바다. 당신은 숨을 들이마신 채 잠수를 했는데 이제는 더 이상 호흡을 필요로 하지 않는다. 어느새 밤을 헤엄치는 물고기가 된 당신. 지상을 향해 동그란 기포가 되어 피어오르는 오래된 숨들. 이제는 모두 버리고 잠을 잔다.

뿌리(My way)

당신은 유리화분 속에 발가벗은 채
눈을 뜬 채로 오래된 잠을 자고 있었다
세계의 끝은 투명한 유리 벽이어서
꽃들이 당신을 바라보고 있었다
당신은 스무 번째 계절을 배식받으며
여전히 자꾸만 손바닥으로 허공을 짚었다
당신의 오래된 이름은 담쟁이가 아니어서
지붕 위로는 자랄 수 없었다
시간이 햇살처럼 쏟아지는 밤에 당신은 알몸이었다
거짓말하고 화내고 이리저리 움츠러드는
뿌리만이 유일하게 당신이 낳은 사춘기였다
뿌리는 흙 속에 틀어박혀서 그림자를 빨아 마셨다
어둠을 포옹하며 당신은 처음으로 모어를 꿈꿨다

예쁘지 않아, 어둡고 축축해, 괜찮아, 괜찮아
유리 벽에 당신의 얼굴이 유령처럼 나타나 울었다
당신이 살던 흙은 어떤 씨앗을 품고 있을까
그림자가 잉크처럼 유리 화분 속으로 번져 나간다
당신은 다시 어두워진다

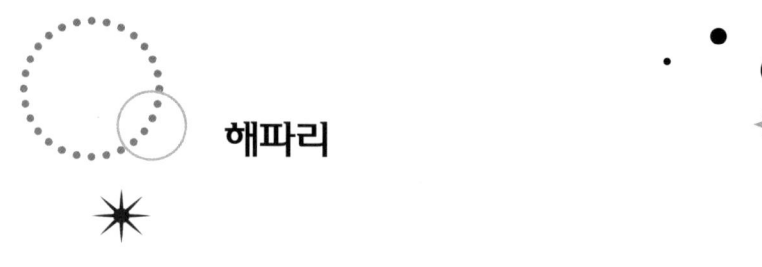

해파리

내가 사는 바다는 어두운 젤리로 가득합니다
거품처럼 커졌다가 작아진 우울의 세계에는
햇빛이 잘 들지 않습니다
우리는 집단의 행동 방식에서 소외된 돌연변이
투명하지만 어두운 몸을 갖고 있지요
젤리 속에서는 양력 때문에 느리게 움직일 수밖에 없습니다
오랫동안 어두운 심해의 같은 자리에 머물러 있었지요
물비늘의 벽이 가로막고 있는
햇빛의 파편 근처에 가본 적도 있습니다
파도의 방향을 따라 깨진 유리처럼
빗금이 그어진 햇빛은 우리를 집어삼킬 그물 같습니다
바닷속에는 햇빛을 사랑하다가
잔인하게도 꿈이 슬픔의 잔향으로 녹아버린

해파리의 입술 사이에 구전되는 도시 괴담이 있습니다

해수면 바깥에서는 어떻게 헤엄을 쳐야 할까요
어떻게 무서운 햇살을 피해야 할까요
우리에게 전해 내려오는 것은
먼 곳에서 들려오는 햇빛에 대한 공포에서 비롯된 거짓말뿐
수면 밖으로 아이들이 나가지 못하게 하기 위해
안전한 해수면의 지붕 아래에서 사랑받고
통제받기를 원하기 때문에
어머님들은 아이들에게
거짓말을 하면 안 된다며 훈수하지만
이곳은 빛이 들지 않는 심해의 그늘이라서
그림자를 구분할 수 없는 어두운 밤이라서
어머니부터 거짓말을 시작합니다
나도 거짓말을 출발합니다

바다와의 검푸른 사슬 같은 약속을 거부하고
나는 수평선의 끝자락 넘어 달을 향해 헤엄칩니다
우리의 육체가 투명하다는 건 당신과 하나의 알이 되리란
뜻이라고

빛의 천사를 마음으로 사랑하리란 말이라 믿습니다
물비늘 위에서 달콤한 꿈의 방울을 떨어뜨려 주는 당신을 만나

여름철의 레몬에이드를
상큼하게 홀짝이고 싶습니다

모든 내 하루의 시간을
미끄러운 눈동자의 표면을 타고
시작에서 끝으로 왕복하며
종이비행기처럼 당신에게로 띄워 보내면
나를 가두고 있던 끈적하고 무거운 젤리들이
탄산처럼 가벼워지다 점점 증발하고
내 어깨엔 날개가 돋은 기분입니다

참 이상하고 아름다운
생을 마무리한 해파리 한 마리가
흐물흐물
투명한 천사의 형태로 환생하고 있습니다

빨간 마스크

빨간 마스크처럼
입꼬리를 올리고 올리다가 찢어버려요

입은 웃고 있는데
왜 비명을 지르나요

소리는 진실을 반영하는 게 맞을까요
어두운 입 안에서 유령처럼 고개를 드미는 웃음

이제는
붉은 입술로 예쁘게
웃어주세요

소리를 눈으로 삼킬 수 있다면
웃음소리를 삼킨 눈동자는
충혈된 기분의 흉내를 내면서
빨간색이 될까요

친애하는 내 사랑과 친구와
거울 속의 당신은
노트북 위로 스마트폰 위로
바쁘게 자판을 두드리며
ㅋㅋㅋㅋ ㅎㅎㅎㅎ

손 모양으로 형상화한 그림자를 두고
아 저게 하늘을 나는 새구나,
추측했지요

빨간 마스크 너머에서
굳게 닫은 당신이 입술로 짓는
입꼬리의 집합은
점점 그믐으로 저물어가는 웃음

그게 싫어서 자꾸만
웃게 되나 봐요

엉엉, 소리를 내면서
새가 노래를 부르네요

저것을 감히
운다, 라고 폄하하지 않을 거예요
새는 웃고 있어요

당신만이 알고 있어요
늘 나는 빨간 마스크를 쓰고
그믐달처럼 웃고 있답니다

참 이상하리만큼 아름다운
비밀이에요

아무에게도 말하면 안 돼요
쉿

마지막 패스

축구공을 굴리며

벽에 대고 패스를 했지요

쿵 소리와 함께 되돌아오는 공

우리는 메아리를 주고받아요

소리는 물체가 울린 고유한 진동이

고막을 통과해 변환되는 과정이지요

귀로 들리는 단어에 의미는 없어요

밤에는 아무도 노래를 부르지 않지요

귀가 들리지 않는 사람만

입꼬리를 올리고 웃습니다

표정을 기록하는 것은

참 무서운 일이에요

거울이 그림자를 반영할 때마다

눈을 감아버리고만 싶어요

허공에서 동그랗게 커져가는 허밍

조용한 세계에서

멈추지 않는 나의 딸꾹질은

세상에서 가장 요란스런 고백이에요

노트북으로 자판을 두드려요

알아들을 수 없는 시를 쓰지요

연과 행 사이에는 평행한 공백이

투명하게 뒤섞여서 구분되기 어려워요

발화자는 햇빛을 싫어하나 봐요

어둠이 가득한 곳에서는

그림자를 알아볼 수 없는 것처럼

우울의 세계에서는 거부의 음악을 듣지 못해요

빛이 죽어가는 끝에서

기호로 표현되는 마음의 울림을 읽는 것은

마지막 패스를 보내는 것과 같아요

절대로 약속을 기대해서는 안 돼요

그들은 거대한 어둠의 무덤처럼

말을 빨아들이기만 하니까요

미처 말하지 않은 것 알고 있나요

우주에서는 소리가 전달되지 않는답니다

조용하고 어두운 허공을 사랑하는 이유에요

달이 뜨지 않았으면 좋겠어요

슛은 마지막 패스라고,

어떤 축구선수가 그랬지요

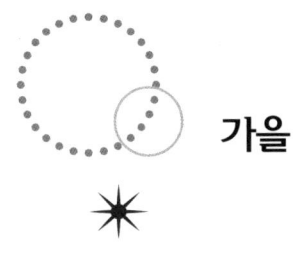

가을

붉게 떨어지는
낮달을 입에 물고

아무도 몰래
조용하게 웃고 있었다

닿을 수 없는
허공에는
미처 다 자라지 못한 낮달

희미해지는 낮달의
꽉 다문 입술과 그러나
잠들어 있는 눈동자

이미

하늘에

흐르지 않는

죽은 표정과 그림자

바람도 햇빛도 시간도

살아있지 않은 붉은 계절

오랫동안

같은 자리에서

낙엽처럼 떨어지는

초승을 줍고 있었다

멈춰 있는 가을 속에서

낮잠에 머물러 있었고

지금은 10월인데

반팔 티셔츠를 입었다

아직도 준비가 덜 되었나봐

곧 달빛도 가라앉고
바람이 쓰러진다

밤이 바짝 스며들 때까지
낮달을 놓아주지 않았더니
잇몸에서 단풍처럼 붉은 피가 흐른다

자꾸만 환절기를 거부하는
여름과 가을의 틈 사이에

희미한 낮달이
밤의 지평선 아래로
점점 가라앉고 있었다

마음

어제는 내가 죽을 줄만 알았어
시간은 멈추지도 않았고
어두운 밤에는 천사도 노래를 부르지 않았어

밤에는 그림자가 지속되지 않아서
발자국을 바다 위에 남길 수 없다는걸

내 울음은 파도소리에 섞여서
아무에게도 들리지 않는다는 걸 알았어

지평선은 헤엄쳐 가기엔 멀어서
초콜릿 공장처럼 찐득한 해수면 아래로
희망을 가라앉히고 있었어

구멍 난 돛단배를 버리지 못했지

검은 바다 위를 날던 작은 새의 날갯짓

마지막으로 붙잡고 있던 깃털이라서

슬피힐 필요 없어

바닷속에 빠져 죽는 건

죽고 싶어 하는 내가 아니라

모두를 아프게 했던 병든 몸일 뿐이야

울기를 멈추면 펼쳐지는 어둠은

내가 처음에 태어났던 곳이야

돌아갈 수 있는 집이 있다는 건

벽을 넘지 않고 되돌아오는

골목길의 메아리처럼

따뜻한 마음인 것 같아

이제 곧 아무것도 없었던 공백 속에서

아주 조용한 노래를 부를 시간이야

오랫동안 힘든 꿈을 꾸었구나

잘 자, 어두운 미래 속에선 울지 않고

포근한 잠을 자기를

꿈을 꾸지 않기를

키보드

당신은 긴 시간 동안 침묵하는 사람이었지,
암막 커튼이 둘러싸인
우울 속에 병든 당신의 맞은편

관객은 당신밖에 존재하지 않는
작은 방의 무대 위에
피아노처럼 놓인 기계식 키보드

활자들의 발자국들이 길을 안내하고 있었다
그것이 천국으로 인도되는 유일한 구원

[○○○, 6/6]

모니터 위에 예언된

개벽의 날짜는 내일이었고

당신의 손가락들이 키보드 위에서

음악을 연주하기 시작한다

발화자의 비밀스런 패스워드는

검지와 엄지가 꾹꾹 지문을 눌러쓸 때마다

흑백의 건반이 연주하는

악보 위의 검은 박자와 멜로디

오선지 같은 백지 위에

기록되는 지금의 기분

필사되는 과거의 감정

복사되는 미래의 고민

음악을 타고 흐르면서

키보드가 남기는 경쾌한 리듬은

시가 되기 시작했다

처음으로 그림자 너머에 도착하는

생과 사의 경계에 기대어 있는 인사말
언어의 퍼즐조각으로 구성된 노래

아무도 읽지 않는 언어와
금방 말라버리는
투명한 잉크로 쓰여진
에필로그

타닥타닥

방 안에는
키보드 두드리는 소리
요란한 연주회

마침표가 끝맺음 되는 마지막 악장
엔딩크레딧과 함께 커튼콜이 오른다

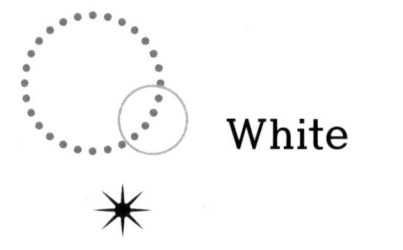

White

우리는 하얀색처럼 걷는다
늘 웃고 있는 상냥한 흰색의 입꼬리
샤워를 할 때도 흰색 가운을 입고
흰색 샴푸 거품을 잔뜩 짜내서
입속의 검은 잎을 잘라낸다
의사 가운을 입은 당신의 그림자는
흰색일 거라고 믿고 있어서
늘 햇빛을 차단하기 위해
우울을 커튼처럼 펼쳐 버린다
내일은 낮이 조금 더 지속되었으면
흰색은 열과 빛을 잘 흡수하는 원색이라서
쉽게 감정이 허공으로 산란되는데
우리는 여전히 검은색과 흰색처럼

평행하게 멀리 떨어져서 걷고 있다

빛이 있으면 늘 그림자가 있다는

시시하고 흔해 빠진 말

그건 둘 사이에 허공의 벽이 존재하기 때문에

박람회에서 만든 싸구려 볼펜으로

백지 위에

가나다라마바사

abcdeg

시를 소설을 수필을 열심히 적었는데

당신을 좋아해서 담은 하얀 잉크는

왜일까 보이니치 필사본처럼 백지 위에선

정상적인 방법으로 읽을 수 없다

이제부터는 하얀색을 잃어버려야 해,

당신이 말하고 하얀 렌즈를 낀

내 눈동자는 점점 어두워진다

세상이 점점 까만 저녁이 되어간다

이제 그만

눈꺼풀을 닫고 잠을 잘 시간이야

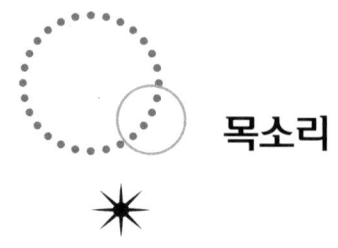

목소리

가청주파수를 넘어서
사람이 들을 수 없는 유령의 목소리가 있대
우주에는 매질이 없어서 소리가 전달되지 않는데
과학자들은 왜 항상 블랙홀의 소리를
유령의 목소리처럼 무섭게 변환할까

그래서
오해로 빚어지는 악몽의 얼굴
입이 없어서 꿈을 잃어버렸고
눈을 뜨는 걸 두려워했다
오래도록 만져지는 점자와
입 모양의 잔혹한 허밍

두 눈을 감았을 때
눈꺼풀을 통과하는 햇빛은
왜 항상 잔인한 분홍색이고

표정을 언어로 번역하는 과정은
필터링되는 목소리의 스펙트럼이라서
아무런 말도 믿고 싶지 않았다

소리도 빛과 마찬가지
두 귀에 자물쇠를 걸어 잠가도
목소리가 이명이 되어
손끝에서 눈동자까지 울려 퍼진다

그러므로
나를 부르는 목소리
내 귓속에서 자꾸만 복사되는 환청은

한 번도 대화해본 적 없는데
햇빛보다 친하고 사랑스러운
그림자가 나를 부르는 목소리였다

곧 번개가 내려칠 것이다

빛이 한참 먼저 도망간 후에야

골든타임을 놓친 소리는

뒤늦게 자신의 뒷모습을 쫓아간다

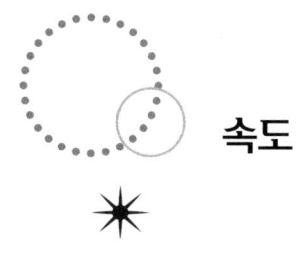

속도

시계 위에 발자국이 있다면
어제보다 조금 다른 하루를 살게 될까

횡단보도에서 눈꺼풀을 감은 채
흑백의 블록을 세며 걸을 때마다
생각해본 적 있다
왜 검은색과 흰색은 공평하지 않지

윤달에 태어난 생일도
축하해주는 달력과
뻐꾸기시계가 있다면 좋겠어

시곗바늘은

늘 초침이 시침을 앞지르고

어떤 오른발이 짧은 축구 스타는
왼발로만 공을 드리블하고
오른발에서는 발자국이 기록되지 않아서

관중들은 그를 외로운 초침이라고 불렀다
패스를 하지 않고 달려 나가는
절름발이로 태어난 새

추락할 때마저
비행운의 그림자는
무게중심이 왼쪽이었다지

계절의 끝에 머무는 그믐달은
가장 느린 순서를 기다리는 시곗바늘

언제나 흰 맨발이었던
짧은 오른발로 슈팅을 하면

오래 기다렸구나
자정이 지나가고
내일이 온다

사과

여기는 가장 붉은 사과가
죽어가는 과수원

병실의 탁상 위에 놓인
사과는 당신이 두고 간 것

햇빛이 허공에서 핏방울처럼 뚝뚝 흐를 때
당신이 누운 그늘진 침대 위에서
비로소 사과같이 새빨간
창세기가 피어난다

당신이 오랫동안 자정의 한복판에서
열매 같은 해가 뜨는

내일 아침을 기다린 것을 알고 있다

신데렐라처럼 빨간 구두를 신고
이제는 지평선 너머로 직접 걸어갈 차례다

붉은 당신의 발 자락에는
어떤 파도도 바람도 외로움도 닿지 않는다

썰물을 타고 당신의 발자국 넘어 뒤편으로
떠밀려 가는 어제의 생의 흔적들

그림자마저 사라진 당신은 그야말로
마지막으로 세상에 남겨진 온전한 붉음

지평선 너머에 솟아오른
멀리 있는 에덴의 과수원

사과가 피어나는 계절이 되면
동그라미의 궤도를 따라

드디어 당신은 내일로 도착하고
잠에 빠지듯 스르르 눈을 감으면

다시 한번
더욱 붉게 쏟아지는 봄이
감은 눈꺼풀마저 통과하고
과수원에서 당신은 이제
달콤하고 시원한
사과를 가꾸며 살아갈까

당신이 머물다간
어제의 어둡고 그늘진 침상 위에

붉은 사과 한 알
유언처럼 남겨져 있다

해가 저물었고
차갑게 시든

사과를 한 입
베어 문다

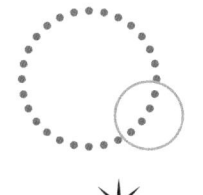

한밤의 동굴

빛이 세상에서 증발했었지
너는 어둠 속에서 허공을 더듬고 있었어
기역부터 히읗까지
모든 사랑을 발음하는 법을 잃어버렸어

아무런 언어도 번지지 않는
한밤의 동굴 속에서
너는 탯줄을 잘라버리고
짝사랑처럼
벽에다 쿵쿵 혼잣말을 내뱉었어
축구공처럼 튕겨 나오는 메아리

빛의 올챙이는 아침의 시간을 찾아

벽시계의 쳇바퀴 같은 동그라미 속을
시침처럼 느릿느릿 유영하고 있어
오래된 꿈은 여전히 포근한 양수처럼
얼굴 없는 슬라임처럼 물컹하구나

조금씩
빛이 속눈썹 사이에 낀 눈곱처럼
밤의 출구를 벌리고 있어

그것은
아침을 여는 천사가
너의 입술 위에 새긴 인중처럼
점점 번지는
미래에 대한 예고편
그래서 네 입속엔 눈부신 침이 고인다

모든 것이 조용하게
잠들어 있던 밤의 자궁 속에서
우렁찬 울음이 울려 퍼진다

네가 감싸 안고 있던 어두운 시간과
아직 열리지 않은 빛이 충돌하는 소리
미래로 번지는 옹알이의 잔향을
하나 둘 세어본다

너는 발자국처럼 지나온 우울을
모조리 양수처럼 집어삼킨다

새롭게 눈동자를 씻어내고
햇무리처럼 고개를 들이미는 너의 꿈

계속되어 온 한밤 동안
얼마나 그리워했을까

아무것도 걸치지 않은
깨끗한 맨살에
맞닿는 서늘한 아침 공기
내일의 햇빛

네가

다시 태어나는
한밤중에 일어난 기적

정류장

아무리 기다려도 자정은 멈춰서지 않는구나
잠시 어두운 의자 위에 쉬어가고 있어
너무 오랫동안 발자국을 세고 있었어

정차 시간표에 분명 빛이 찾아온다고
쉽게 지워지는 몽땅연필로 쓰여있었지
여기는 사랑이 멈춰서지 않는 정류장

버스를 기다리다가
잠시동안 깜빡 잠에 들었나봐
세상은 늘 어두웠기에
악몽의 얼굴은 기억나지 않았고

멀리에서 번호가 없는 버스의
안개처럼 불안한 불빛이 찾아오고 있어

그것이 미래 같아서 눈을 감았고
꿈은 어떤 경로의 버스를 타야 할지 잃어버렸지
또 길을 잃었구나

너는 자기가 죽었는지도 모르는 유령이라서
아직도 밤의 정류장에 우두커니 앉아서
아침을 기다리고 있어

내일은 사랑의 계단에 발자국을 딛고
버스의 허공 위에 올라타서
정류장의 바깥으로
햇빛이 비추는 모르는 마을로
사뿐히 걸어갈 거라고

제3부

―

내일 도착하는 계절의 이름을 정해주는 시간

지루한 시간 위를 빨간 구두를 신고 뛰어다니며.
당신은 내일을 향해 옷을 갈아입기 시작한다.

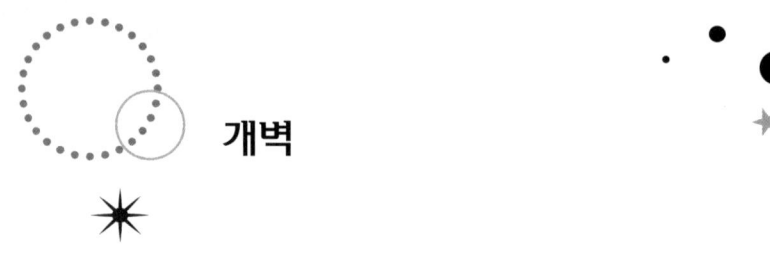

개벽

 바람을 맞으며 바람의 낱말을 생각한다. ㅂㅏㄹㅏㅁ. 내리쬐는 여름의 노래는 높게 자라는 사이프러스 가로수와 바람의 합주곡. 오후의 시간에 그림자의 막대에 꽂힌 해가 높게 떠 있고 모든 도로와 흙과 돌멩이와 나무가 일그러진다. 햇빛은 나뭇잎의 몸을 흩어진 퍼즐조각처럼 파헤친다. 공터에 가득 채워지는 바람은 숲의 출신이 아니다. 사막이 아니다. 바다가 아니다. 세계가 아니다. 일식이 일어나며 해와 달이 합쳐진다. 빛과 어둠이 합쳐지며 알이 태어난다. 모두가 눈꺼풀에 그림자를 매단 채 조기처럼 입을 벌리고 있다. 허공에 눈동자처럼 떠 있는 검은 태양. 정오가 시계를 집어삼키고 어두운 별들이 계절에게 잡아먹히며 이름을 잃어버린다. 그중 하나의 표정이 된 별의 이름을 나뭇가지로 모래 위에 쓴다. 정오는 하루의 끝. 정오를 지나며 햇빛은 검은 이름으로 번역되었다. 어두운 낮의 아래에도 그림자는 모래의 수채화 위에 지렁이처럼 꿈틀거린다. 눈꺼풀을 속이고 드디어 하루가 지나간다.

내일은 어떤 색깔의 눈동자를 지닌 날씨가 찾아올까? 내일 도착하는 계절의 이름을 정해주는 시간을 상상이라고 명명한다. 아침이 흰 쌀알처럼 쏟아지면 좋겠다. 그림자가 빛을 초월한 천사처럼 지구를 뒤덮을 때 세계는 음의 노래를 연주한다. 종말의 차원보다 오 센티미터 떨어진 마지막 시퀀스. 새 떼처럼 흩날리는 망각된 바람의 낱말들. 수평선의 내부에 갇힌 오늘의 흔적. 아침을 활강하며 추락하는 비행운의 발단부터 결말까지의 페이지. 낮게 가라앉은 구름. 증발하는 햇빛. 어두운 바람. 모든 시간이 책갈피처럼 페이지의 끝자락마다 쌓인다. 그것을 천국으로 가는 계단, 무지개라고 명명한다. 생의 마침표라는 건 다음 문장의 죽음을 예고하는 엔딩크레딧. 주사위가 구를 때 빚어진 알이 리셋되며 세계는 다시 태어난다.

피어나는 강물과 흐르는 숲. 수채화 위를 횡단하는 검은 새들. 흰빛으로 한 방울 떨어지는 천사의 핏물. 세상에서 가장 작게 속삭이는 소리. 녹아내리는 하늘. 천사가 당신의 입술과 코 사이에 인중을 새기면 모든 과거는 눈꺼풀을 감고. 새로 출발하는 어둠으로부터의 출구. 빛으로의 입구. 세계가 종말해도 빅뱅과 빅크런치가 반복되는 진동 우주설. 증명되지 않은 가설의 미래를 믿지 않는다. 믿는다.

다시 한번

어지럽혀진 내일이 퍼즐처럼 조립되고 한 번의 종말 후에 리마스터 된 시간이 새벽의 자궁 속에서 또 한 번 태어난다.

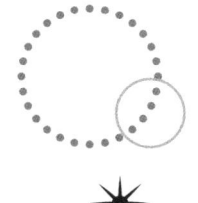

Night Seed Vault

우리가 사는 밤의 자궁은
내일의 빛이 머무는 시드 볼트입니다
미래를 정자처럼 씨앗처럼 보관하고 있지요

  오랫동안 검정의 계절로서 시간이 멈춘 우리의 하루는 자정의 자리에 고정되어 있어서 늘 지루한 밤이 되풀이됩니다.
  우리의 밤을 공전하는 달이란 사과처럼 달콤한 동그라미의 보름이 아닙니다. 눈곱 같은 그믐을 품은 먼지와 가스와 구름과 그림자 덩어리일 뿐이지요. 어제와 내일의 색채와 채도도 늘 검은색으로 유지되었습니다.

하지만

우리는 어두운 팔레트가 사랑이 흘러가는 색의 물감들을 요약해 천국에 흐르는 무지개의 잔상으로 수채화의 노래를 연주하리라고 미래를 스케치하고 있습니다.

검은색뿐인 밤이란 미완성된 그림인 걸 알고 있답니다. 우리의 프로젝트는 불씨와 반딧불과 번개와 달빛으로 캔버스를 가득 그릴 수 있는 밤을 지닌 어느 행성에 대한 상상으로부터 시작되었습니다. 지긋지긋한 밤에 빗방울처럼 마침표를 떨어뜨릴 아침의 천국. 지구라고 불리는 그곳으로 편도의 여행을 출발하는 것입니다. 우리의 마지막 검은 씨앗인 당신. 당신의 입술 위에 천사의 새끼손가락으로 인중을 새겨 밤하늘 같은 그림자로 물들었던 전생을 지워버리고. 당신이 햇살이 비치고 파도가 밀려들고 바람이 부는 아침을 맞이하도록. 오랫동안 꿈꾸었던 내일의 수채화를 그려볼까 합니다.

위태롭게 자정의 틈 사이에 머물며 어제를 연극하던 우리의 엔딩크레딧을 거부하도록. 내일에 비친 달의 스펙트럼을 꿈꾸며 지상 위에 발자국을 딛기를. 어두웠던 밤의 당신이 아침을 사랑하도록 프롤로그를 인코딩합니다.

  우리의 검은 행성은 그림자를 기록하지 못하지만, 푸른 지구에선 잔잔하게 흐르는 파도 아래에 나뭇가지로 마음을 기록할 수 있다고 하지요.

  우리의 어두웠던 문체는 그늘에서 돌아볼 수 있으리라 생각합니다.

  악몽 같은 밤에 그믐이 잠시 눈꺼풀을 뜨는 자정이 되면. 희미한 달빛을 입속에 머금은 흰 새가 어둠을 건너뛰어 먼 곳의 내일로 이사를 시작합니다. 부디 우리가 띄워 보낸 그믐의 씨앗이 무사히 그곳에 아침 한 그루를 심을 수 있기를. 내일은 속눈썹을 디미는 햇무리에 대해 이야기를 나눌 수 있기를. 곧 어두웠던 밤의 자궁 속에서 흰 새가 피어오릅니다.

[System Operation]

○○○

  검정뿐이던 캔버스에 아침이 흐르기 시작해요. 사과 같은 해로부터 비롯된 가장 옅은 온기가 해안선 끝까지 울려 퍼지고.

　해변의 햇살을 따라 걷는 궤도와 모래 위에 움푹 남는 잔향들. 아침은 햇빛이 태어난 지평선으로부터 피어오르네요.

　지상에서 가장 옅은 메아리가 태어나 바람처럼 파도를 밀었어요. 아침이 향하는 방향으로 기울어진 시간은 자전하기 시작했고.

　드디어
　전승되는 빛의 모종을 눈동자 속에 보관한
　우리가 알에서 꿈틀거려요

　오랜 기다림이 지나간 후에 우리는 어둠의 알을 깨고 아침의 하늘과 입을 맞출 거예요. 씨앗이 밤으로부터 잉태되고. 시간은 잔잔한 음악처럼 서늘하고 고요해요. 미처 아직 완성되지 못한 세상의 끝에서 어둑어둑한 메아리인 우리는 사랑스럽게 키스하듯 모래 위에 발자국을 남기지요. 몽고반점 같은 그림자가 잔잔한 바람의 노래에 씻겨져 나가고 나면, 우리의 족적이 바다와 숲과 사막 너머로 향하기를. 모든 곳에서 꿈을 노래할 수 있기를.

그러자

음악이 연주되고 수채화가 그려지듯이
나무가 자라고 바다가 흐르고 햇살이 일렁였어요
비가 내리고 바람이 불고 번개가 치고 가뭄이 타올랐지요

벚꽃처럼 피어나는 봄으로부터
따뜻해지는 어둠 속의 가장 요란한 태동

그것은 언어의 노래였어요

그믐으로부터 유래된 생의 종자가
햇빛을 열매처럼 뚝 뚝 떨어뜨리는
사과나무로 자라기 시작해요

이제
구름과 달과 별자리의 높이와
나란히 이마를 맞대고

무성영화처럼

흑백의 채도를 지닌 전화번호와 주소로
아직도 공중전화에서 기다리고 있을 당신에게

사과 한 알을 선물하고 싶어져요

비록
뒤늦게 세상에 전하는 부고일지라도

종말의 나팔이 울린 후에도 사과나무를 심듯이, 죽어가면서
도 세상의 모든 붉음을 사랑한다는 이야기를
파도가 전생을 지워버리기 전에 나뭇가지로 해변의 진흙
위에 기록해둔 햇살과 바다와 숲과 사막의 노래를
사랑이 흘러가는 색채를 담은 모든 풍경을

사과 씨 하나에 심어
흰 새의 입술 속에
우표처럼 담아 멀리 발신하려 해요

배란된 빛의 알을 만나러
어둠을 거슬러 헤엄치는 정자처럼

플레이아데스성단의
무지개가 태어난 어두운 팔레트를 향해
인사말을 담은 노래가 무사히 도착한다면

잔잔한 내일로부터 재배한
햇살처럼 산뜻하고 발랄한
붉은 사과 한 알을
한 입
베어먹어 볼까요

우리도
그리웠다고 외로웠다고
당신을 다시 만나고 싶었다고
반짝이는 아침 인사를 건네면서요

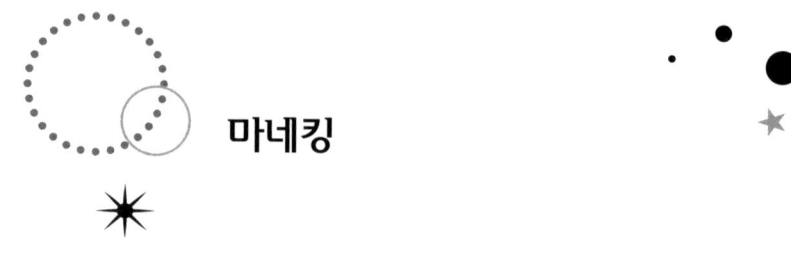

마네킹

쇼윈도우 안에 당신이 있다. 오른손으로 턱을 괴고 따분한 밤색 코트를 걸친 채 어딘가를 바라보며 웃는

정오가 지나가고 구름이 지나가고 차들이 지나가고
밤으로 착륙하는 햇빛을 배웅하며
마네킹인 당신은 유리창 밖에서
하늘색 원피스를 입게 될 여름을 꿈꾸고 있다

서랍의 위치가 바뀌고 피팅룸이 넓어져도 해는 늘 같은 곳에서 뜨고 진다. 어둠을 끌고 오는 밤. 색색의 행성 같은 원피스가 태양보다 자유로운 하루가 되어 빛나고 있다. 달이 뜨고 계절이 반복돼도 여행을 상상하며 그대로 원피스를 입은 당신.

발끝을 들어 올리고 싶어. 노래하고 말하고 사랑을 하고 싶어. 아무도 보지 않는 밤이라면 가능하지 않을까? 알 수 없는 언어로 된 노래를 부르고. 지루한 시간 위를 빨간 구두를 신고 뛰어다니며. 당신은 내일을 향해 옷을 갈아입기 시작한다.

아침으로 머무르는 약속. 바다와 산과 오후와 햇무리를 향해. 거짓말처럼 딱딱했던 밀랍으로 된 살을 햇빛에 녹이고. 눈동자 속에 페인트 대신 별을 채색하고.

해변 위에 처음 발자국을 딛는 당신. 달의 둘레를 천천히 산책하다 보면. 바이올린을 연주하는 천사의 활처럼, 파도의 모스부호를 스쳐 가는 바람. 달을 지나가는 뭉게구름. 자전하는 지구의 몸짓을 따라 여행의 끝을 향해 당신은 여름밤을 통과한다.

처음으로 밀랍이 아닌 부드러운 살결로 모래 위에 누워. 까슬까슬한 해안선의 메아리를 이해하는 시간. 달의 주문에 이끌려 왈츠를 추는 파도. 지평선 너머로 사랑한다는 문장을 적은 편지를 종이배처럼 띄워 보낸다. 그것은 세상에서 가장 작고 투명한 색채의 피아노 음표들. 당신은 알아듣지 못하지만, 해맑게 웃는다.

지구의 끝자락에 도착하면 굳이 하루를 붙잡지 않는다. 새들이 남은 시간을 저무는 달빛의 잔향처럼 운반하면 당신은 떨어지는 그림자의 잔향을 눈동자로 쫓을 뿐이다. 여름의 계절이 끝나면, 마네킹이 꿈을 걸어가는 환상이 막을 내린다.

이제 곧 잠에 들 시간이야
처음이자 마지막이던
여행이 마무리된다

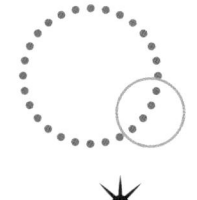 

영화가 끝난 후에

다시 태어난다면 무엇을 하고 싶니?

한밤을 새서 공포영화를 보던 어느 새벽 네가 그렇게 물었고 나는 오로지 너에게 대답해주기 위해서 작법서를 파헤쳤지. 미래의 생에는 어떤 서사구조를 지닌 상영관 같은 흑백의 채도와 카라멜 팝콘처럼 달콤한 비명소리가 필요할까.

생략되고 요약된 씬과 씬의 틈 사이에서 우리는 일하고 일하고 사랑을 하고. 상상할 수 없는 시간을 살아가며 나는 엉뚱한 대답을 너에게 건네야 했지.

영화와 이야기의 파트는 발단 전개 위기 절정 결말로 이루어진대. 우리가 꿈꾸는 전생과 후생도 지평선 너머로부터 밀려

온 파도가 아니었을까?

　그렇지만

　우리는 공포영화에 스토리의 구성 단계를 대입해 보았지만, 유령이 나타나는 규칙은 아무리 페이지를 뒤져봐도 작법서에 나와 있지 않았고.

　아무도 번역하지 못하는 비밀의 언어로 이루어진 쓸모없는 작법서를 찢어서
　테이블에 흘린 빨간 라면 국물과 콜라를 닦았지

　어제 불교 교양 수업에서 전생의 업보를 이어받는다는 내용을 필기하다가
　과잉기억증후군은 세상에서 가장 잔혹한 축복일 거야
　왜 천사는 너의 입술과 코끝 사이에 표식을 남겨 인중을 새기지 않았을까?

　그런 생각을
　카라멜 팝콘처럼 자꾸만 곱씹었어

지금 우리가

검은 긴 머리에 흰 소복을 입은 귀신이 티비에서 빠져나오는 걸 보면서도

무서워하지 않는 이유는

전생의 프롤로그와 후생의 에필로그를

이미 기억하고 있기 때문일까?

영화가 끝난 후에

우리가 투명한 새처럼 노래한 엔딩곡이

도돌이표처럼 연주되고

나름대로 재미있는

시나리오였어

이번 생은 따분한 흑백 필름이 아니었으니까

다음 시리즈의 속편이

제작될지는 모르겠어

전작의 인기에 편승한 후속작의 생은

언제나 졸작이니까

- END -

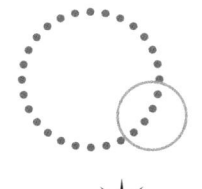

노르웨이 숲

"노르웨이 숲에는 영원히 아침이 지속된대"

산불 소식이 떠들썩한
티비 뉴스를 보면서
너는 말했다

나는 넥타이를 매고 있었고
너는 리모컨으로 티비 음량을 줄인다

그러자
거짓말을 주워 담듯
악몽에서 조금 비켜서는 거실

재앙이라는 것은 이리도 쉽게
켜고 끄고
채널을 돌리고
음소거 버튼을 누르고
투명하게 외면할 수 있는 걸까

너는 유리컵을 들고 입술에 갖다 댄다
평소에도 물은 색깔이 없었지

나는 한참이 지났지만
아직도 식지 않은 커피를 손에 쥐고

프라이팬 위에
오랫동안 타들어가는 토스트
테두리를 미처 잘라내지 못했구나

소방수는 뭘 하고 있는 걸까
사이렌 소리는 음소거된
티비 속에서 나고 있는 건지

리모컨의 음량 버튼이
꾹, 눌러진 채로 빠지지 않는데
노래가 흐른다

입을 다문 우리의 바깥에서
오해의 얼굴로 빚어지는 가사
"새는 날아가 버렸고 나는 불을 질렀어"

우리의 거실이
조금
따뜻해지기 시작한다

밤의 기도

그곳은 어두운 밤이었죠.

우리가 태어나기도 전에 모두가 죽어 있을 때 시간은 멈춰 있었죠

깊고 조용한 시계 속에는 빛이 있었고 그림자도 있었고 말도 있었고 침묵도 있었죠. 시계에는 가스가 있었고 구름이 있었고 먼지가 있었죠. 모두가 숨죽인 채 잠들어 있었어요.

멈춘 시곗바늘은 다음 문장의 첫머리를 예고하는 오프닝이자 엔딩크레딧이었어요. 마침표가 끝맺음 될 때 비로소 다시 태어나는 프롤로그가 있었지요.

허공에 고여 있던 꿈속의 목소리가 시곗바늘을 밀었을 때, 밤의 속눈썹과 손톱과 발자국이 몸을 뒤섞으며 나선으로 회오리치며 합쳐졌어요. 흩어진 밤의 모든 언어의 퍼즐조각들이 헤엄치는 정자처럼 끝에 모여들고 밤의 기도가 단 하나의 작은 눈동자에 물방울처럼 떨어지는 순간.

당신은 꿈틀거렸어요

당신은 어둠의 알을 깨고 밤하늘과 입을 맞췄어요. 달빛처럼 아직 완성되지 못한 세상에 발자국을 남겼지요.

나무가 자라고 바다가 흐르고 햇살이 일렁였어요. 비가 내리고, 바람이 불고, 번개가 치고, 가뭄이 타올랐지요.

따뜻해지는 어둠 속의 가장 요란한 태동. 허공으로 가라앉는 검은 종말. 피어나는 봄. 그것은 말이었어요.

당신의 입은 가끔 별똥별을 보내준 밤 너머에 있는 별에게 보내는 수화. 메아리가 어둠 저편 멀리에 있는 은하에 닿길 바랐어요. 침묵의 자궁에서 잉태한 금빛 레코드판을 쏘아 올렸지요. 우리들의 존재를 뒤늦게 세상에 전하는 부고처럼요.

우리는 외롭다고 당신을 만나고 싶다고. 아직 살아있다고

밤에 전하는 기도에는 우리의 그림자를 우표처럼 엮어 보내요. 메아리는 별의 목소리보다 멀리 있는 사랑에게 닿을 수 있을까요.

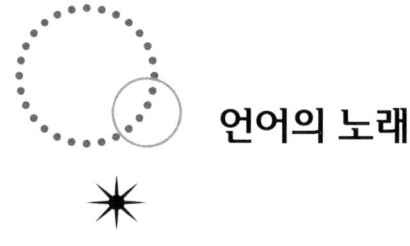

언어의 노래

쉿, 조용히
내일 찾아올 날씨에게 이름을 붙여줘야 해

내 이름은 오래된 뉴스야. 허공에 뜬 거대한 풍선 한 그루. 그 안에서 기역과 니은과 디귿과 친구들이 숨 쉬고 말하고 먹고 노래하지.

처음에는 동굴은 좁고 어두웠지. 어느 날 번개가 삶의 입구에 내려쳤고 불이 태어났다. 빛의 이름을 알지 못했고 모든 게 재앙인 줄 알았어.

그때 꿈처럼 빛을 기록하는 벽화가 점점 생겨나기 시작했지. 어느 알몸의 소녀가 꿈 같은 사과를 먹고 악마가 준 종이

에는

시가 적혀 있었어

내가 태어난 것은 그때부터였어. 오래된 눈동자와 입술과 생식기가 모두 새로운 이름과 성격으로 환생하는 순간.

허공에서 하얀 틈이 열리고 이야기가 아침처럼 쏟아져 들어왔지. 시간의 색을 기록하고 날씨의 길이를 그렸어.

하나, 둘, 둘, 셋, 열, 백, 억, 조, 해

빨주노초파남보

내일의 이름을 정해주는 시간을 상상이라고 명명했지. 시곗바늘이 급하게 움직이기 시작했고 나는 조금씩 어둠을 먹어 치우며 성장했어.

입과 눈과 코와 귀로 가득 메워지는 허공. 그림자가 길어질 때마다 키가 크고, 가슴이 볼록해지고, 조금씩 털과 수염이 났다. 예쁘네, 한마디가 듣고 싶은 나이가 되었다.

한가로운 한 여름의 사춘기였다

시를 써야지, 책을 읽어야지

세상에 빛이 번졌다

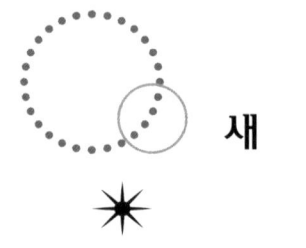 새

새는 하늘에 잠든다고 당신이 그랬지

우리가 그림자 위에 발자국을 남기듯이
새들은 하이힐을 신고 구름 위를
또박또박 날아간다 똑 똑 똑
허공을 딛는 구둣발의 노크소리

추락할 때마저 아침을 활강하며
하늘의 퍼즐조각을 조금씩 떼어낸다

태양에 그림자가 드리우고
새가 구름에 남기는 발자국의 보폭을
맨눈으로는 측정할 수 없다

새의 발에 꿈을 묶어 흘려보내고 싶다

비행운은 만년필로 쓴 새의 이름
그 이름을 마시고 맡고 들어본다

하늘에 나의 역사가 새겨져 있다
활짝 양팔을 뻗고 새가 되어본다

이제는 모든 것이 떠오르는 계절이다
새는 투명한 거울 위를 걸어간다

그 아래에 나의 그림자가 유산된다

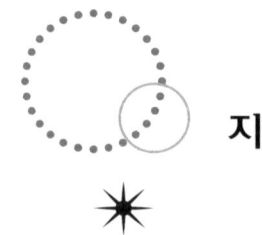

지구의 노래

지구의 끝을 잘라내서 텀블러에 보관해둔다

나는 바람 빠진 튜브처럼
한참 동안 수면 위에 떠 있었다

새가 허공을 횡단했고
구름이 낮게 가라앉았다
햇빛이 증발하고 바람이 추락하고 어두운 날씨

쉿, 조용히

페이지의 끝자락마다 책갈피처럼
천국으로 가는 계단이 쌓였고

그것을 무지개라고 불렀다

하늘이 녹아내린다
달은 나의 눈동자, 달무리는 당신의 속눈썹
모든 것이 점점 추락하는 악몽을 꾸었다

오후의 시간
축구공처럼 해를 구름 속에 수납해두면
곧 알이 빚어진다

생의 마침표라는 건 다음 문장의 죽음을 예고하는 엔딩크
레딧

주사위가 구르고
모든 것이 리셋된다

내가 다시 태어난다

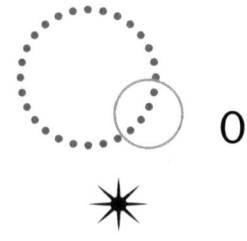

지구의 이마에 손을 짚었다

허공은 한 칸 더 지상에서 멀리 떨어져 있었다

새들이 그림자로 세상을 횡단했고 모든 것이 검게 변했다. 잠에 드는 계절과 봄이 머무는 꿈의 틈 사이에서 걷고 또 걷고 있을 때

하늘은 커다란 거울이었고 달의 표정과 몸짓을 자꾸만 따라 했다.

-273도의 어둠을 닮은 적이 있었다. 밤의 허공에는 모든 것이 증발해 있었고 납작한 추위가 신의 발자국처럼 깔려 있

었다. 빛이 태어나기도 전이었다.

밤은 살짝 우울한 표정이었고, 등잔 밑의 위로를 미처 찾아보지도 못하고 자꾸만 얼음 아래로 아래로 가라앉았다.

태양이 비로소 눈을 감았을 때. 당신은 어지러움을 느끼며 잠에서 깼다. 낮게 깔린 가스와 구름과 먼지가 소용돌이치며 섞이고 그곳에서 언어가 태어났다. 아무것도 아니었던 것에게 흙과 바다와 나무와 낮이라는 이름을 붙이고 종말은 끝이 났다.

되감은 비디오테이프

검은 마스크를 쓰고 세상의 왼편에 서 있던 달이
세계의 끝으로
허공의 중심으로 한가운데로

일식이 일어났다

피어나는 강물과 흐르는 숲

한 칸 더 따뜻한 차원의 높이로

밤의 자궁에서
36.5도의 그림자가 숨을 죽였다

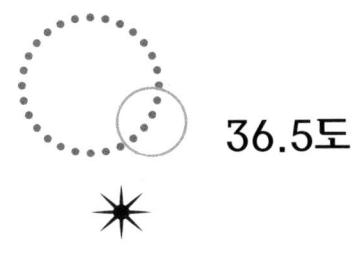

36.5도

지구의 이마에 손을 짚었던
나는 새들에 뒤섞여 허공을 횡단했다
아직까지
허공이 지상에서 한 칸 떨어져 있을 때

태양에 그림자가 드리웠다
겨울이 지고 있었다
아직 검은 봄은 오지 않았는데
맞은편에서 미지근한 온기가 느껴졌다

거대한 나무가 있었고 사과처럼 뚝 뚝
빛이 하나 둘 떨어지고 있었다

그림자를 뿌리며 아침을 횡단하는 새들
흩어지는 시간과 날아가는 발자국 속

모든 것이 검게 변했다
검정은
거울 속에 살아가는 차가운 것들의 표정

지금은 잠에 드는 계절
악몽과 낮잠의 틈새에서

눈, 코, 입은
맞은편 달의 웃음과 몸짓을 따라 했지
밤의 메아리처럼

나는 잠시 숨을 멈춘다
하나, 둘, 그리고 열

멈추는 세상의 비디오테이프 필름
발음되는 나의
목덜미의 온도, 입술의 이름, 속눈썹의 개수,

지금 내 나이는 몇 살이지
내가 안고 있는 따뜻한 사랑의 출처는

허공에 녹아 있는
내가 살아온 세상의 왼편에 나는 서 있고
나는 오른손잡이라 진실의 필체를 따라 쓰는데
익숙하지 못했고
이마에서 조금 열이 났다

싸락눈이 내리면 열이 가라앉고
다른 성격이 될 수 있을까
다른 꿈을 사랑할 수 있을까
계절이 자랄수록 자꾸만 새들이 검게 변했다

36.5도의 체온이 조금 늘어난 것 같아
빛이 조금씩 유산되는
사춘기에는 감기에 걸릴지도 몰라

물수건을 머리에 얹은
감기를 앓는 겨울이 지나가고

하루를 올해를 한 세기를
건너뛸 때마다

어둠 저편으로
새들이 사라진다

이제
나는
얼마나 따뜻한 계절의
온도가 되었나

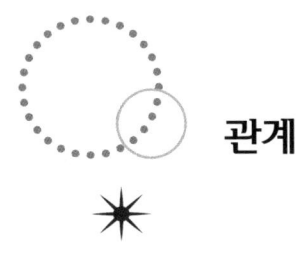

관계

이것은
사랑을 실험하는
버추얼 롤 플레잉 게임

BGM이 흘러나오자
스피커를 찢어버렸다
고치지 못할 약속을 의뢰한
투명한 목젖을 미워했다
노래로 말하는 아이돌 가수와
멜로디로 빛을 알아듣는 맹인 사이에
가명을 쓴 착각이 거울의 벽처럼 세워졌다

당신은

새가 날지 않는 허공에

노래를 흘려보낸다.

추락한 종이비행기를 우연히 주웠다

아무런 점자도 적혀 있지 않았는데

낯선 이국어였던 노래가 점점

빛과 색으로 번역되기 시작했다

맹인은 노래의 의미를 입으로 곱씹었다

계절의 트레이드 마크가 색깔과 빛이듯이

노래는 맹인에게 처음으로

겪어본 적 없는 고대어를 해석했다

상냥한 웃음은 기한이 정해진

임시 이벤트 아이템이라고 믿어서

믿고 싶지 않아서

자꾸만 레벨을 성장시키는 것을 주저했다

스피커에서 흘러나오는

아이돌 가수의 검은 목소리와

사랑을 말하는 하얀 가사와

점점 서로 부딪치며 투명해진다
오로지
더미 데이터로서만 존재하는
허공의 관계가 점점
진실을 잃어버리고

매트릭스 세계 속 네오는
처음으로 눈동자를 밤의 자궁 속에서
빛의 바깥으로 출생시키는데
그곳에는 당신이 없다

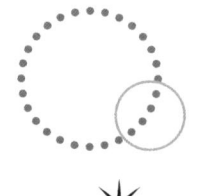

끝없는 체스(Duel Score)

우리는 치열하게 사랑하듯 체스를 하는 중이야. 폰들이 난관처럼 막아놓은 길을 헤치고 나아갔어. 가끔씩 서로를 공포로 집어삼키며 위협을 주었지. 나는 당신을 사랑해서 눈동자를 빤히 바라보는 중이야.

까만 낮의 인사를 하면 하얀 밤의 대답을 되돌려주는구나.

매 턴이 지나갈 때마다 사랑의 승패가 뒤바뀌고 있다. 아무도 없는 구석으로 도망쳐도 체스판 안이야. 모두가 죽고 우리 단 두 사람만 살아남는 악몽을 꿨어. 하얀 왕국과 까만 왕국은 평행선을 사이에 두고 숨을 죽였어. 두 명의 왕들은 수줍어서 키스와 허그에 신중했지.

우리들은 이별하게 되었어
그렇게

단지 그렇게

당신이 세상 끝에서 외로워할 때 곁으로 가서
서서히 포옹하듯이 손목을 긋고 당신의 목젖을 감싸 줄 거야
회색으로 불완전한 스테일 메이트가 되는 밤

그림자라도 마주치지 않고는 끝낼 수 없는 잔인한 흑백의
데스 게임에서. 우리의 사랑은 비로소 승패가 나게 될까

우리는 외롭게 서로의 맞은편으로 떠밀려 간다

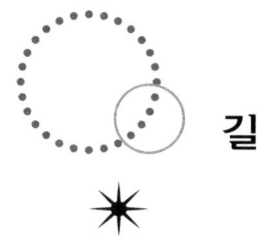

길

지구는 커다란 시계일지도 몰라
방향을 틀어서 삐딱하게

시계의 멈춰버린 바늘처럼
이국에 버려진 미아처럼

유년의 나는 걷고 걷다
밤을 스쳐 지나가는 것 같아

때로는 전봇대에 멈춰
잠시 기대어 서서
내 목을 조르는 사슬처럼 얽매이는
길들을 풀어헤치려 애쓰곤 했어

막막하게 펼쳐진 바다가 서랍 속에

축구공처럼 해를 수납해두면

집을 버린 어린 나는

그림자를 잃고 싶지 않아서

내일을 거부하며

어둠 속에 잠들고 싶지 않다고

안개처럼 희미해지는 꿈을 붙잡고 있었어

골목길 위에는

가로등 불빛 사이로

어둠이 스며들고

물고기를 가둔 그물처럼 빽빽하게

미래로 향하는 골목이 퍼즐처럼 바스러져

해가 뜨면 다시,

언젠가 찾아올 내일 아침을 상상하라며

내가 머물지 않는 집들이 불빛을 모두 꺼버리는데

나는 그림자와 밤의 끝자락을 구분할 수 없었고
검은 지붕으로 뒤덮인 집들의 명패 속에서
등잔 밑에 붙은 위로를 찾아 헤매고 있었어

우리 집을 찾아 헤매며 계속되는
자전처럼 반복되는 유년의 숨바꼭질
세상은 이미 집으로 돌아갔다는 걸 모른 채

길을 잃은 유년 속에서
나는 같은 하루를 살고 있었어

꿈이 완성되는 골목의 끝에 위치한 우리 집에는
어떤 이름의 내일이 성장해 있을까
어른으로의 아침으로 도착할 수 있을까

사춘기의 문턱을 넘어서면
어서 오세요, 이곳은 원더랜드입니다
편도행인 어른을 알려주는 표지판이 있어

세계의 끝의 마지막에 도착하면

비로소 길이 넓어지는데

내가 살아갈 집이 있는
내일의 마을이 나온다
자정이 지나간다

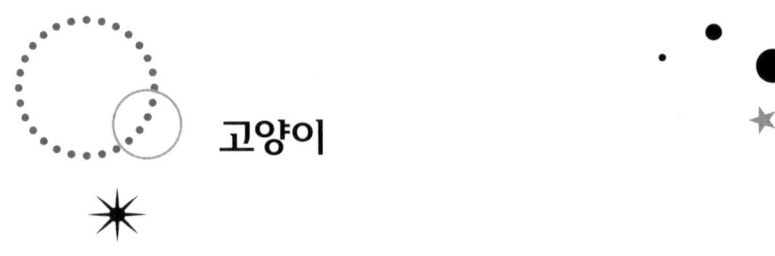

고양이

너는 하루종일
어둠을 생선 가시처럼 물고 있구나

생쥐들은 모조리 피리 부는 사나이를 따라갔지
너는 뼈만 남은 생선을 입에 물고
푸른 슬레이트 지붕 아래에서
여름으로 번지는 옹알이를 울었지

버려진 우산을 앞발로 망가뜨리고
비를 피해 골목길을 서성이다 보면
포근한 털처럼 파도가 바람에 떠밀리는
네가 꿈꾸는 바다가 나올까

진흙처럼 가라앉은 털을 말리고
시원한 여름과 포옹하고 싶었어

너는 어둠이 질퍽이는 마당에
한가롭게 누워 하품을 하는구나
길게 뻗은 수염에 꿈이 우유처럼 묻어 있었어

녹아내리는 꿈속의 해변에는
모래사장에 햇살을 펼치듯 바람이 불고 있었고
오아시스가 그릇 속의 물처럼
졸졸 새어 나가고 있었지

네가 한가로운 상상으로
천국의 잠을 마시는 동안
졸고 있는 학생에게 선생님이 던진 분필처럼
빗방울이 너의 나른한 이마를 때렸어

잠꼬대처럼 앞발을 들어
너는 수염에 묻은 어둠을 닦았지
너에게 허락된 세상에서 가장 작은 샤워

축축한 하루에 젖은 몸이 무거워졌어
딸기우유처럼 달콤한 꿈을 너무 많이 핥아서
살이 쪘나봐

무거운 몸을 이끌고
골목길 계단참을 올라가는 너는
빗물에 미끄러진다

뒤집어진 콩벌레처럼 바둥거린다
어둠이 너의 털에 가득 스며든다

이사

　어제를 다 가져오지 못한 채 이사를 가기로 했다. 집은 좁았고 들여야 할 꿈은 셀 수 없이 많다. 아파트에는 이미 수많은 내가 닭장 속의 닭처럼 들어차 있었다. 엘리베이터 버튼을 모두 누르고 나는 몇 호로 들어가야 할지 잃어버린다. 빈집에는 아무것도 적히지 않은 집문서와 이름 대신 101-1601-1754-3 숫자로 요약된 삶. 나는 과거를 거부하고 미래를 허락하고. 시간을 좁은 집에 하나씩 수납한다. 이곳에 비밀의 방으로 통하는 문이 있을 거라 믿으며 보물찾기처럼 찾아보다 나는 서러워진다. 여전히 현관문마다 높은 문턱과 잠기지 않는 생의 출구. 몇 개의 방이 필요할까. 모두 똑같은 얼굴로 똑같은 표정으로 수만 명의 이름의 하나로 복도에 늘어서 있는 현관문들. 나는 현관문들의 너머를 상상한다. 발꿈치를 들어 그 안의 시간을 붙잡는다. 초인종 앞에 영문 모르게 자기소개처럼 기록된 숫자들. [051-25-1-155] 부산에서 살고 스물다섯 살이고 혼자 살아요. 키는 작고 술은 못해요. 마지막까지 숫자로 각인된 생의 키워드. 어느 밤 노크소리가 들린 것 같은데 문밖에는 아무도 없다. 의자와 식탁과 소파와 냉장고와 장롱과 그리고 꿈과 나를 모두 열 평 남짓 집 안에 구겨 집어넣는다. 아무도 없는데 혼자 울리는 초인종과 고장 난 스프링클러. 모든 소리와 물 대신 숫자와 글씨들이 범람한다. 그 속에서 나는 헤엄치는 방법을 알지 못한다. 모든 어제가 다 씻겨나가고 방안에는 내일의 나 혼자만 덩그러니 남았다. 모든 생의 주소를 나는 집어삼키고 싶다. 씹어먹고 싶다. 토하고 싶다. 성공적인 이사가 되었다.

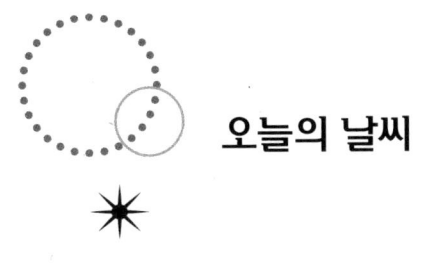

오늘의 날씨

 어제를 다 밀어버리고 기분을 내일로 내일로. 데칼코마니는 나의 것이 아니었어. 내일은 내일의 해가… 이렇게 진부한 위로라니. 그러나 지금은 소나기가 쏟아지고 나는 검게 젖어버린 걸. 비옷은 스스로 입을 수 없어. 인조 잔디엔 비. 축구공을 드리블하는 중학생 A와 꽁초를 내팽개치는 고등학생 B. 우리에게는 어떤 색깔과 날씨와 온도와 습도가 필요할까? 하늘에 커다란 거울이 펼쳐져 있다. 나의 짙은 눈썹과 검은 눈동자와 두툼한 입술과 그리고 도톨도톨한 여드름. 구름과 절반이 잘린 낮달과 빗방울들. 흙바닥의 어두운 냄새와 낮게 깔린 그림자. 어떤 기분의 몽타주. 여전히 쉽게 그치지 않는 졸음과 피로. 그리고 그리고 검은색. 바람이 휘몰아치면 나를 자꾸만 부정하고 싶어지는 것. 내일에 이름을 붙인다. 2OSS년 13월의 다섯 번째 계절에는 팔레트 같은 어제의 역사가 새겨져 있고 나는 그림자를 유채 물감으로 지워버리고 싶다. 나는 다시 눈을 감는다. 오늘은 두 개의 달이 뜬다. 세계의 끝까지 지루한 계절이 비행운처럼 번져간다. 나는 어제의 기억처럼 증발하고 싶어진다. 일기예보는 틀릴 것이다. 자꾸만 반복되는 과거는 검은색 꿈의 데자뷰.

제4부

—

파르페 아이스크림이 완성되려면 겨울이 필요해

빈자리에 앉아 있는 너는 검은색 명찰을 단 채로
다시 돌아오지 않는 생의 마지막 수업을 꿈꾸고 있다.

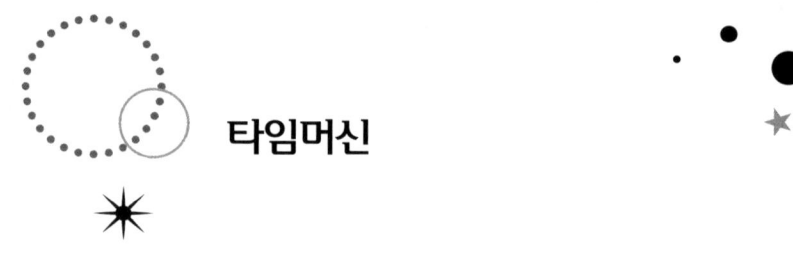

타임머신

이것은 미래에서 과거로 여행해 온 존 티토의 기록

존 티토는 스무 살의 나이에 죽었고 시간을 거꾸로 거슬러 오르기 시작했다

앞으로는 존 티토를 너라고 지칭한다

평행한 시간의 악보를 너는 건너뛸 수 있다. 하지만 돌아가진 못한다

시간을 거슬러 오를 때마다 달력은 모두 정당한 나이를 반영하고 있지. 하지만 너는 달력을 확인할 때마다 종이를 한 장씩 뜯어서 꼭꼭 씹어 집어삼킨다. 달력의 한 페이지를 시간의 세계선이라고 부른다.

시간의 되감기

age 26-chapter 0

　달력에는 1997년 1월 17일이라고 적혀 있었는데. 마지막 페이지는 찢어지지 않았다. 너는 씹어먹던 달력에서 어두운 맛이 난다고 생각했다. 오늘은 밤을 새야지, 달력은 그렇게 말하고 있었고 너는 커튼을 친다. 현관문에선 노크소리가 들리는 것 같았는데 밖에는 아무도 없었다. 시계를 보니 처음부터 바늘은 움직이지 않았다. 고장 난 게 아니었다. 너는 시곗바늘을 억지로 밀어서 내일의 날짜와 시간과 너의 나이를 조작한다.

age 12-chapter 1

　커튼은 언제부터 굳게 닫혀 있었을까. 벙어리가 된 엄마의 입술처럼. 달력은 언제부터 넘어가지 않았을까. 내일은 새로운 학년이 되는 날인데. 똑같은 담임 선생님은 여전히 웃고 있었고 너는 맛없는 급식을 아직도 먹지 못하고. 책상 위에 조각되는 지워지지 않는 너를 향한 비웃음들. 그것은 자국이 아니라 장난스러운 낙서였고. 비가 내렸고 우산이 혼자 걸어서 너를 데리러 왔다. 다음날은 밤에 개최되는 운동회날. 달을 향해 너는 물주머니를 던졌고 달은 어둡게 젖어갔다. 달이 추락하고

제4부 파르페 아이스크림이 완성되려면 겨울이 필요해

그림자가 터지면서 운동장으로 쏟아졌다. 악당 같은 달을 쓰러 뜨린 너는 신이 나서 양팔을 이리저리로 벌리며 춤을 추는구나. 너는 발자국처럼 피를 바닥에 그리며 보건실 대신 피아노 학원으로 들어갔다. 박자를 맞추는 기계의 배터리는 닳지 않았고 방음은 코끼리를 삼킨 보아뱀처럼 완벽했다. 네가 연주하는 음악은 도돌이표가 반복되는 학교 종소리.

age 7-chapter 2

너는 남자아이인데
교실 뒤편에서 재미없는 소꿉놀이를 했다. 예쁜 여자아이를 좋아하던 너는 일하고 일하고 사랑을 하고. 혼자만 불이 꺼진 책상에 앉아 그림을 그렸다. 멋진 어른이 된 너와 그리고 표정 없이 앉아 아직도 맛없는 반찬을 다 먹지 못하는 아기들. 눈 코 입이 없어서 아무런 말을 하지 못하는 아이들을 보며 너는 너의 핏줄이 아니라고 의심을 하고. 꿈은 종소리처럼 반복되고 이어지고 깨어났을 때는 불이 꺼진 교실 안에서 연필로 그림을 그리고는 색칠을 할 줄 모르는 오후의 동화 이야기.

모든 과거는 평행하게 현재와 미래와 함께 재생되고 있다. 꿈과 꿈의 틈 사이에서 너는 오래된 학교를 떠돌아다녔다. 불

꺼진 교실에는 새벽이 반복되고. 티비는 혼잣말을 내뱉었고, 탑블레이드 드래곤 팽이가 혼자서도 경기장의 바깥을 돌고 있었고, 유희왕 카드는 듀얼리스트 없이도 혼자서 셔플되고 있었다. 물을 마시고 싶어도 페트병 뚜껑을 여는 것은 참 어려운 일이었는데. 너는 손가락이 짧아서 울음을 쏟아내지 못하는구나. 아침에는 조용한 여행을 출발하는 기차 토마스가 웃고 있었고, 점심 때는 스폰지밥이 바닷속으로 침몰했고, 파워레인저 용사들은 악당들에게 당하기만 했고, 뽕뽕이는 방구를 뀐다며 웃음거리가 되었고, 매직키드 마수리는 마술에 실패해서 모두를 놀래켜 주었다. 여기는 시간이 지나지 않아서 모두가 하교를 하지 못하는 교실 안이었고.

age 5-chapter 3

눈코입이 새하얀 비누처럼 지워진 여선생님이 있었지. 그녀는 비비크림과 아이라인을 너무 짙게 발라서 얼굴이 없는 것처럼 보였다. 얼굴 없는 여자는 너에게 회초리에 순응하는 수업을 가르쳐 주었지. 빨간 마스크를 쓴 그녀는 아주 유명한 괴담이었다. 나 예뻐? 라고 묻고 예쁜 그녀를 보며 환하게 웃는 너의 입. 그녀가 엄마였으면, 누나였으면 하고 생각하는 너. 왜 다른 아이들은 마스크를 쓴 여자를 보면 자꾸만 우는 걸까. 무서워하는 걸까.

error : Time paradox-chapter ∞

무언가 과거로부터 몇 센티 벗어난
너는 아픈 과거의 끝에서 무엇을 보게 될까
미래는 어떤 시간으로 칠해져 있을지 몰라서

어느새 달력에는 다시 스무 살이라고 적혀 있었다. 컴퓨터를 켜니 행운의 편지가 도착해 있었다. 이 편지를 본 너에게는 자정이 찾아오지 않는다고 했다. 12시가 되면 엄마가 귀신처럼 티비 속에서 나타나 너의 눈꺼풀을 감겨서 시간을 보지 못하게 한다고 했다.

내일의 나이는 계획해두지 않았는데
왠지 타임머신이 작동을 하지 않는다
아니, 처음부터 타임머신은 없었을지도

너의 이름은 존 티토 씨가 아니야

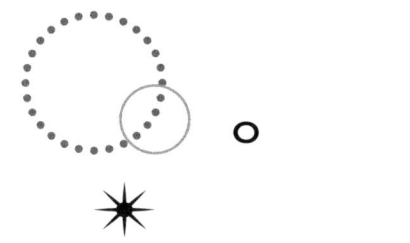

악몽은 투명하다는 말을 단 한 번도 믿은 적 없었어요. 색연필을 쥐고 동그라미를 그리다가 숨이 멎는 순간을 기다려요. 당신은 단 한 번도 발길질을 피해 책상 아래로 숨은 적이 없었지요. 당신은 사춘기의 그림자 뒤편 속에 가둬놓은 멍을 들키고 싶지 않았지요. 열아홉 살의 나이에는 어두운 상처밖에 꿈꿀 수 없었고, 이미 흐트러진 책상과 의자. 핏방울을 흘리는 너의 얼굴은 어쩌면 유령의 낙서와도 닮아 있어서. 당신은 유령을 불러내 옷을 발가벗기고 비밀을 물어보기로 약속해요. 핏물 같은 빨간펜으로 동그라미를 그려요.

소환된 유령의 말과 지시보다 무서운 건 당신에게 아직도 그림자가 남아 있다는 사실이죠. 빛이 통과하지 못하는 불투명한 높이의 눈동자에서 느껴지는 맥박과 호흡. 유령이 된 당신은 자꾸만 죽은 척 몸을 웅크려요. 담요를 뒤집어쓴 당신의 얼굴을 알아보지 못해요. 분명히 피가 아니라 빨간 색연필로 의식을 행했어요. 이미 교실을 떠난 당신이 가진 아픔 따위보다 궁금한 건 수능 성적이나 연애 고민, 친구 관계뿐. 한 번도 가져본 적 없는 친구의 그림자처럼 익숙한 얼굴로 그려지다가 완성되어 멈추는 동그라미.

칠판에 분필 부딪히는 소리. 그것은 늘 혼잣말이었고. 화장실 칸 안의 노크소리. 계단 밑 작은 창고 안에서도 썩지 않은 오래된 우유. 모두가 알았지만 아무도 소리내어 이야기하지 않은 괴담들. 실내화가 버려지고 쓰레기가 책상과 사물함에 가득하고 교과서와 노트에는 당신의 얼굴과 닮았지만 당신은 그리지 않은 낙서들. 바람이 불지 않는데도 당신이 마지막으로 남긴 국어 교과서의 책장이 넘겨질 때. 마지막 페이지에 적혀 있는 학년과 반과 이름과 출석번호는 어디에도 존재하지 않는 친구의 것. 이런 소문들. 그런 따분한 눈동자의 형태를 지닌 동그라미.

무릎이 아파 오는 밤에 당신이 실내화를 옥상 난간 위에 벗어두면 아무도 없는 교실에서 들려오는 발자국 소리. 아픔 속에서 살아가는 수업이 끝났다며 울리는 종소리. 교실 문이 여닫힐 때마다 죽어가는 숨소리가 새어 나갈까봐 입을 틀어막고. 모두가 교실 밖으로 나갔지만 당신은 아직도 하교할 수 없고. 무서운 이야기는 입에서 구전되어서 점점 찢어진 교과서 여백에 쓰여지고. 각자가 준비한 무서운 이야기를 들을 때 얼굴을 찌푸리는 손거울 속 당신의 얼굴은 여전히 동그라미.

○

사라진 당신의 웃음은 생생한 꿈이었을까요. 시뻘겋게 그려진 손목의 자국은 만점을 받은 시험 문제에 가득 그려진 빨간색 동그라미들. 공기가 투명하다고 우리가 숨을 쉴 수 없지는 않다고, 과학 선생님의 말이 떠오르는 건 왜일까요. 달력은 넘겨지고 여름방학은 지나가다가 쳇바퀴를 맴돌 듯 다시금 맨 뒤의 책상에 머물렀지요. 문제집을 풀며 볼펜을 쥔 손가락이 빚어내는 허밍은 벌린 입술로 무언가 말하지만 알아들을 수 없군요. 페달을 밟을 때마다 생기는 허밍처럼 반복되는 웃음들. 바깥으로 닿지 못하는 단어와 문장들. 구해주세요, 살려주세요. 외롭지 않아요. 죽고 싶어요.

고등학생인 우리에게 요구되는 필적과 그림체가 있다고. 표정 없이 담임 선생님이 말씀하시네요. 컴퍼스 없이 이렇게도 정교하고 완전한 동그라미를 어떻게 그릴 수 있었을까요. 자세히 쳐다보면 동그라미가 아니라 숫자 0처럼도 보이는데. 그것은 당신에게 주어진 사랑스러운 위로의 숫자였을까요. 어긋나 망가뜨려진 원은 다른 아이들의 얼굴과는 다르지요. 수업이 끝남을 알리는 종소리가 울리지 않는 교실 안에서 계속해서 상영되는 사춘기. 찾아오지 않는 내일. 실패한 강령술의 바깥에서 그것이 악몽인지 예지몽인지 뭐라고 불러야 할지 알 수 없어서 전혀 다른 이름을 붙여주기로 했어요.

불완전한 동그라미

ㅇ

아침

안녕? 어두운 그늘에서는 인사는 싸락눈처럼 흩어져서 잘 보이지 않는 걸까. 겨울이라는 계절이 봄으로의 경계선을 침범하면서 너는 따뜻한 이름을 잃어버렸지. 여기는 커튼이 굳게 닫힌 방 안이고 너는 매미처럼 누워 따뜻한 군고구마와 달콤한 핫초코를 외면하며 허물처럼 잠들어가고 있었어. 겨울에도 인위적인 온기보다 서늘한 찬바람이 머리칼을 쓸어주기를 너는 바랐던 걸까? 너는 봄의 교실에서 겨울밤 골방으로 추락했는데 아직도 교복을 입고 있구나. 추워진 겨울에도 너에게 필요한 건 아이스크림이구나. 달콤함과 포근함과 부드러움과 반짝임이 섞인 웃음 맛 아이스크림.

지금 바깥에는 눈보라가 휘몰아치고 있어. 촛불이 꺼지면 위태로웠던 초저녁도 울음을 터트릴까. 너는 교문 밖에서 천

제4부 파르페 아이스크림이 완성되려면 겨울이 필요해

사 대신 종말의 리코더를 불었지. 이리저리 내던져진 리코더에는 교실 바닥의 흙먼지가 끼어 있었어. 눈으로 뒤덮인 도시가 무너졌으면 좋겠어. 주먹질에 얻어터진 입술에서 새어 나온 핏물이 딸기시럽처럼 뿌려지고 검게 물든 피멍 자국이 초코쿠키 알갱이처럼 박히면. 비로소 어두운 겨울에 달콤한 내일 아침이 찾아올 거라고.

가장 아름다운 파르페 아이스크림이 완성되려면 낮은 온도가 중요하니까. 너는 교실을 벗어났는데도 여전히 어두운 방 안에서 햇빛을 피하며 눈물을 훔쳤구나. 무릎이 아파 오는 겨울밤 골방 안에는 죽었는지 살았는지 알 수 없는 매미 번데기 한 마리. 밤이 된 학교에서 탈출했는데도 방 안에는 어둠만이 눈물처럼 끈적이고 있었다. 멍과 그림자가 너무 많아서 어두운 골방 안은 사람도 꿈도 식별할 수 없다. 오로지 여름방학을 건너뛰고 겨울 속에 멈춘 채 웃는 방법을 잃어버린 너만이 잠들 수 있는 교실의 빈자리.

너는 아직도 그곳에서도 구타를 당하고 옷을 벗겨지고 책상의 찢어진 교과서와 핀들을 정리하는 매미. 꿈을 한 발자국 뒤집으면 악몽의 잔혹한 허밍이 궤도를 빙글빙글 자전하고. 아침이 찾아온 것 같은데 커튼을 걷을 새도 없이 희망은 너무 빨리 지나가 버린다. 태양은 늘 그렇지, 빛과 꿈과 사랑은 아이스크림 스푼으로 떠먹을 수 없고.

  커튼을 열고 매미는 교실 밖으로 나와 추운 눈발과 마주한 적 있었어
  달콤한 파르페 아이스크림으로
  겨울을 핥아먹을 거라고

  언제쯤 수업시간에 낮잠을 자듯 학교와 교실 바깥의 지평선에서
  햇무리가 드리우는 아침을 맞이할 수 있을까

  졸업을 하지 못해서
  너의 세상에는 여전히 겨울이 지나가지 않았다

  아침이 찾아오지 않았다

웃음

방금 거울 속의 내가 웃었어

어느 날 교실에서 너는 그렇게 말했고 며칠 동안 등교를 하지 않고 사라졌지

웃기 시작했어 처음엔 하하하 소리를 내다가 금방
입꼬리를 올린 채 눈웃음을 지은 채 환히 조용히 웃고 있었어

우리는 모두 의문투성이였지만 그런 네가 무서워서 아무도 너에게 말을 걸지 않았고 너는 수업시간에도 쉬는 시간에도 계속 웃고만 있을 뿐 아무 말도 하지 않았어.

네게 남겨진 건 친구들도 가족들도 선생님도 아닌 웃음의 메아리뿐. 너에게 말을 건네면 웃음이 전염되고 의식을 빼앗긴다는 재미없는 괴담이 유령처럼 떠돌고.

너는 일주일 뒤 거울에 갑자기 머리를 처박고 죽어버렸어. 아침의 햇빛처럼 핏방울이 뿜어져 나왔고 퍼즐 같은 유리조각들이 교실 바닥에 흩어졌지. 열여덟의 수명을 가진 너. 열여덟 개의 모든 유리조각에 흩어진 너의 시간은 여전히 웃고 있었다.

그런 일이 있었는데도
아무도 울거나 소리 지르거나 무서워하지 않았다

조용한 종소리가 울려 퍼졌고 거울의 파편을 치워서 너의 집과 학교에서 멀리 떨어진 호수에 묻어주었다. 우리는 거울 속의 내가 웃을까봐 늘 두려워했고 그곳에 너의 웃는 표정이 잔인하게 흡수되어 있을까봐 무서워했고 그래서 그래서.

아무리 관찰하고 마시고 맡고 맛보아도
도저히 추리해낼 수 없었던

너의 표정과 너의 이름과 너의 목소리와 너의 마음을

지우개로 지워버리기로 했다
그렇지만 너는 다시 볼펜 잉크처럼 기억 속에 그림자처럼 나타나고
낯선 너의 웃음을 나는 잔혹하게 죽이고만 싶다

자꾸만 닮고 싶지 않은 너를 닮아간다. 너는 왜 계속 그렇게 그렇게 웃는 거니. 울고 있니?

조울증은 뿌리처럼 시들고 우리는 양치를 하고 세수를 할 때에도 눈을 감고 했지. 그곳에서 여전히 네가 웃고 있을까봐. 거울 속 너의 표정이 나의 얼굴과 닮아 있을까봐.

틈

우리는 허공의 빈칸 위에 앉아 서로의 사랑을 발음하는 기억을 잃어버렸지. 교실 위에는 검은 그림자가 파도처럼 잔잔히 흐르고 있었고. 햇살은 창틀의 경계에 보관된 채 저물지 못하고 있었어. 모두가 안개처럼 사라진 교실에는 미처 증발하지 못한 종소리. 태엽처럼 다시 되감기는 노을의 시간. 먼지만 쌓여가는 빈자리에 앉아 있는 너는 검은색 명찰을 단 채로 다시 돌아오지 않는 생의 마지막 수업을 꿈꾸고 있다.

햇살은 유리창을 넘나드는 유일한 새의 이름일까. 종이를 접어 만든 흰 새가 교실을 벗어나 날아가면 그제야 울리는 종소리. 세계의 끝에 닿지 못한 새의 목소리가 머무는 자리는 여기가 아니라는 것처럼. 유리 벽에 머리를 박고 죽어버린 새가 미처 꿈꾸지 못한 메아리를 누가 기억해줄까? 나는 어제의 잔향 속에 갇힌 새를 보고도 네가 날 수 있다고는 인정할 수 없었어. 너는 바람의 목소리를 흉내내며 웃는구나, 내가 차마 따라 할 수 없는 울음소리는 빛의 건너편에 있을 때 더욱 크게 울리는 영혼의 메아리.

다 지나간 오늘의 시간표에 남아 있는 흔적이란 어둠이 모두 침몰한 교실 위에 반복 재생되는 산뜻한 종소리. 낮을 살아가는 나는 비록 들리지 않는 음악이 스피커에서 흘러나오고. 수업시간이 끝난 후에는 집으로 하교해야 한다는 재미없는 약속을 거부하는 너는 투명한 말썽꾸러기. 출석부에서 지워지지 않는 유령의 이름을 보았다는 괴담의 증인은 내가 유일하겠지. 너는 내가 걸어가는 복도의 맞은편에서 아침을 등지고 걷고 있구나. 우리는 서로의 옆얼굴을 볼 때마다 하얀 크림과 검은 초콜릿이 묻었다며 까르르— 까르르— 복도는 체스판이 되어 흑백의 지평선 너머로 안내하는데 두 손을 꽉 맞잡고 놓아주지 않는 우리의 틈 사이에는 가장 머나먼 낭떠러지.

창밖에서 달빛이 햇빛을 밀어내고 노크를 하면 이제는 우리가 헤어져야 할 시간. 보름달로 향하는 허공의 뱃길을 따라 너는 먼 여행을 떠나야만 해. 교실에 깜빡 남겨둔 기억을 수거해서 학교를 졸업하는구나. 우리의 작별 인사는 유리창 사이에 갇힌 말벌처럼 이승과 저승의 경계 사이에 머물고. 네가 없는 빈자리에는 아무도 앉지 않고 그늘이 잠시 머문다. 졸업 여행을 떠난 너의 그림자는 어두운 밤에 뒤섞여서 나는 이제 마지막 옅은 웃음을 알아볼 수 없게 되었고.

아침과 밤의 틈 사이에서 네가 없는 빈 책상을 검은 빗자루로 쓸어 담는다

화이트데이

　그림자를 모티브로 한 게임 속. 밤으로부터 둘러싸인 학교. 담력 체험을 하는 것도 아닌데 자정 속에 갇힌 당신. 교실을 건너뛰어 자라온 복도에는 버려진 투명한 발자국들. 그것은 어제를 살아간 유령이 된 선배들이 교실 책상 사이마다 붙여놓은 비밀의 조언 포스트잇. 암호의 힌트를 풀면 점점 불투명해지는 생의 레시피들이 있었고.

　[지구는 둥글어서 발자국들의 방향을 해독할 수 없을 거야. 모든 족적들은 세계의 끝을 중심으로 가라앉는데 무겁게 추락하는 검은색 인력을 거부하고 싶어지거든. 그때는 눈을 감고 귀를 닫고 발아래의 투명한 밤의 아크릴판 위에 꿈을 필기하고 색칠해봐]

허공의 꿈이 유산된 유리판 위에서도 선배들은 먼눈으로 항로를 찾아 걸어간 걸까? 꼬리표처럼 흩날리는 비행운은 너무 오래된 이름의 기록지. 어제의 잔향 속에 남아 있는 선배들의 발자국의 깊이와 길이를 유추해서 유리구두의 주인을 찾으러 나서야 했다. 언제쯤 북극성을 되찾을 수 있을까? 오랫동안 미처 생략된 시간의 방향을 찾지 못해서 검게 섞이고 쏟아지는 별자리들. 지금은 나침반이 고정되어 있지 않아서 빛으로부터 출발한 지도를 의심하고 미워하고 믿을 수 없고. 이제 남아 있는 건 희미한 날갯짓이 떨어뜨리고 간 밤의 메아리들뿐.

 맨발로 복도를 걸을 때마다 우울한 감촉이 느껴져. 선배들의 발자국은 자꾸만 존재하지 않는 4층 옥상으로 인도하는데. 그곳이 미래에서 과거를 거슬러 올라 시간을 연주하는 천국인 것만 같아서 새가 되어 날고 싶어진다. 복도를 달려갈 때는 우측통행 아니면 좌측통행? 헷갈릴 때마다 당신은 투명한 발자국의 형태를 관찰한다. 하루를 건너뛸 때마다 달려간 선배들의 흔적인지 넓어지는 발자국의 보폭. 여기는 운동장이 아닌데, 복도에서는 정숙해야 하는데. 생각하다가

 당신은 새가 되어 날아가기로 다짐한다. 모든 발자국이 유

혹하는 꿈으로의 안내를 무시하고. 역사 교과서의 찢겨나간 페이지에 머물러 있던 콜럼버스를 부정하면서도, 위험한 밤의 바깥으로. 존재하지 않는 4층에서 마주 보는 강당 천장을 뚫고 허공으로 떠올라서 훨훨. 선배들의 쪽지가 아침으로부터 해독될 때 점점 버려지는 이름들이 있었다. 추락하는 새가 날갯짓할 때 그것은 학교 전체에 종소리로 울리는 메아리.

이제야 알 수 있었나봐, 아침에는 아직 아이들도 선생님도 등교하기 전이라서 발자국은 태어나지 않았다는 것을. 허공을 활강할 때도 아침에서 밤으로 추락하는 편도행 방향을 고집해야 한다면, 그것은 얼마나 슬픈 일일까? 새는 밤에서 아침으로 거꾸로 거슬러 오른다. 스토리를 진행하는 순서에 얽매이지 않는 자유로운 오픈 월드 속 플레이어.

오랫동안 잠겨 있던 장롱의 문이 열리고 교복을 입으면서 넥타이를 매지 않았다. 스커트를 짧게 잘랐다. 선배들의 발자국을 거부하는 당신은 디폴트 네임을 부여받지 않았다. 당신이 클리어하는 공포 게임의 새로운 챕터는 아직 단 한 번도 공략되지 않은 비밀의 스테이지.

세이브는 이제부터 기록되기 시작한다

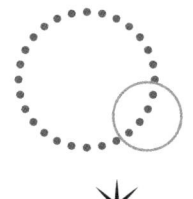

지금 우리 학교는

쉿

맨얼굴을 드러내지 마, 말을 하지 마, 스피커에서는 가만히 있으라는 생의 레시피가 흘러나온다

선배들이 기록해둔 유언이 적힌
칠판에 붙여져 있는 포스트잇들

밖에는 무서운 바다의 유령들이 인어의 목소리로 노래 부르고

우리가 믿어야 할 건 죽은 꿈의 레시피들인지 아니면 정체를 알 수 없는 투명한 글씨로 메모해둔 메뉴얼인지

그것은 해독할 수 없는 보이니치 필사본이자 괴담으로 허공을 메아리치는 암호화된 영혼의 난수 방송

1. 스피커에서 노크소리가 들린다면 귀를 막아야 해
2. 고약한 냄새가 난다면 오히려 더 가까이 가야 해
3. 우리는 처음부터 바다에서 태어났고 이건 비밀스런 우리의 암호야. 우리는 인어의 꼬리를 가지고 있어
4. 기침소리를 세 번 내면 그건 우리가 침묵 속으로 침몰해 죽지 않았다는 신호야
5. 일부러 3번 항목은 비워두었어. 3번 항목이 쓰여있다면 그건 다른 사람의 함정이야

우리는 벽을 두고 노크를 하지만 포스트잇에 적힌 모스부호는 이해하기 어렵다. 혼잣말을 중얼거릴 때 비로소 다른 이름으로 발음되는 글자들이 있었다. 이 세계는 무언극이라서 가면을 쓰고 천국의 노래 맞은편에서 춤을 추는 우리들.

여기는 종말을 앞둔 침몰하는 밤의 학교 안
물에 빠져서도 우리는 입을 빼끔거리며 인사말을 디밀며 안녕, 안녕

나는 노란 포스트잇에 메모를 계속 남긴다. 죽으러 가는 여
행에서도 계속 쓰여지는 특별한 언어의 메시지들

가려지지 않는 비밀의 일부분을 그리고 기록한다

아무도 없는 허공에 노란 글자가 흩날린다

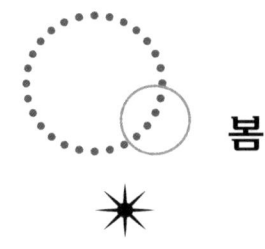# 봄

봄의 마지막을 미처
보내주지 못하는 4월이 있다

오랫동안 종소리를 기다리는
아직도 수업을 끝내지 못한 결석생들

봄의 계절이 파도를 타고
수평선 아래로 추락한 지 오래인데도
벚꽃은 아직도 바다를 헤매이면서

계절과 그리움의 사이에 집을 지어놓고
사라진 4월의 이야기를 기다리는 중이다

봄은 아무도 살지 않는 빈집일까
햇빛이 들지 않는 바다 아래에서

둥근 거품처럼
종소리가 올라온다
아직도 수업은 끝나지 않았으니까

너무 오랫동안
봄을 건너뛴
수학여행을 지속하는 중이구나

다시 집으로 돌아올 때는
봄을 머리맡에 꽃관처럼 쓰고
돌아온다고 했는데
바다는 늘 썰물만을 반복할 뿐이다

달력은 넘겨지는데
4월, 또다시 봄

어제를 잊어야

생을 건너가야 한다고 해

해는 다시 뜨고
지구는 돌아간다
멀어지는 지평선
서쪽으로 떠나가는 봄

출석부에는 안개처럼 번져가는
빨간펜으로 쓰인 결석 표시들

빈집이 되어 텅 빈 교실에
창문 사이로
서늘한 바닷바람이 불어온다

아직도
봄이다
벚꽃이 저물지 않는
잔인한
4월

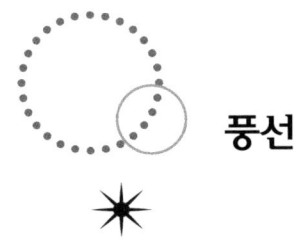

풍선

날개가 없어도
하늘을 날 수 있다고 믿었어

새가 되지 못한 채
버려져 있는 꿈

그 속에서 내가 할 수 있는 건
숨을 불어넣는 일뿐이었어

키스를 하고 나서
가득 차오르는 두 볼처럼
너는 점점 부풀어 오르다가
펑 터져버릴까

꽉 붙잡지 않으면
놓쳐버리고 말아
아무리 높이 떠올라도
구름 너머로는 닿을 수 없어

그곳은 잔혹한 어른의 천국이라서
우리는 비행을 잠시 접어두었지

날개를 잃은 투명한 천사처럼
숨을 내뱉고 있었어

점점
쪼그라드는 사랑은
잃어버린 사춘기의 날씨

다시 돌아가고 싶어
달콤한 초콜릿을 빨아 마시고
풍선처럼 한껏 꿈을 키워만 가던
내 유년의 봄으로

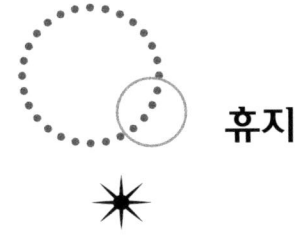

휴지

미리 소변을 보지 않고 잠들었다

이불을 덮고 침대에 누웠다

꿈을 꾸었던 것인지도 모른다

콜라 속에는 끈적끈적한 어둠이 고여 있었다. 그림자는 달콤한 맛이 났다. 탄산은 폭발하는 별의 잔해 알갱이 같은 것

이불에 검게 내가 살았던 역사가 기록되었다. 다 큰 오줌싸개 청년의 치부란 이런 것

사타구니에 스며든 그림자를 지우고 싶었다

검게, 하얗게, 더 검게

살바도르 달리, 반 고흐, 클로드 모네, 마르크 샤갈

화가들은 어떻게 이불에 수채화와 비디오아트를 그렸을까. 이불에 어둠을 오려내고 모자이크로 빛을 오려 붙였다

모든 빛을 품고 있다가 오줌 줄기처럼 내뱉는 초신성 폭발처럼. 화이트홀처럼

고장 난 세면대에서 물이 쏟아지고, 마르지 않은 빨래가 널려 있고, 두루마리 휴지가 다 벗겨진 채 알몸만 남은 사춘기의 밤

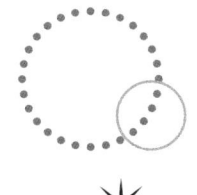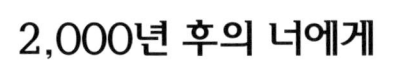

2,000년 후의 너에게

유년에만 믿을 수 있는 상상을 그렸어
축구선수가 되어 쇠똥구리처럼 꿈을 굴리는
너의 분홍 리본을 단 첫사랑에 대한 문장과
푸른 눈의 백룡 유희왕 카드를 갖고 싶다는 단어와
오늘은 비가 오는데 20년 뒤의 내일에는
맑았으면 좋겠다는 어절 사이의 공백
비가 오는 그날 너는 학교에 뛰어가다가
흙탕물에 넘어져 울었고
아픔도 교실 안에선 과거가 될까
상상하고
수업이 끝나고 종례 시간에
유희왕 카드를 말리며
흙탕물에 넘어진 너를 생각하고

하교 후 병아리를 들고 가다 본
불빛 아래의 밤의 고등학생들
야자시간에 잠을 자던 너는
창밖에서 너를 바라보던
너를 생각하고
고등학생인 너는 작가가 된
너를 생각하고
너는 계속해서
내일의 너를 생각하던
어제의 너를 생각하고
흙탕물에 넘어진 10살이
20년, 200년, 2,000년 후까지 이어진다
미래를 생각하던 너를
미래의 내가 기억하는 것
이러면 영원히 죽지 않겠지
죽음은 잊혀지는 것이라고 하니까
타임캡슐,
기억의 저장을 이렇게 부르고
유년은 영원히 늙지 않는다
너는 아직도 열 살이고

분홍 리본을 단 여자아이를 좋아하고

푸른 눈의 백룡 카드를 갖고 싶은데

지금은 아직도 비가 내린다

너에게 전하는 편지는

세상에서 가장 오래된 예언서

편지의 뒷면에는 이렇게 적혀 있었다

From. 2,000년 전의 너로부터

To. 2,000년 후의 너에게

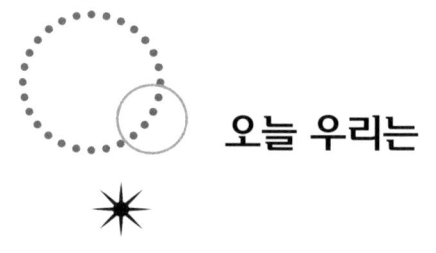

오늘 우리는

꽃이 피었고 풀이 쓰러졌고 저녁이 흩어졌다. 단 하나의 교실에 불빛이 켜져 있다. 모두 어디로 사라졌을까. 칠판에 지각생들의 목록이 가득하다.

출석부를 불렀는데 모두가 있었고 아무도 없었다. 너희는 아직도 수업을 끝내지 못했다. 종소리는 울렸지만 아무도 듣지 못했다. 꽃은 뿌리 없이 줄기만 덩그러니 책상 위에 놓여 있고. 어둠 속에 교실 창문은 열려 있고. 유령처럼 불어오는 바람과 아직 다 저물기엔 끝자락이 남아 있는 그믐달.

미처 잠그지 못한 사물함. 펼쳐놓은 책장엔 메모해둔 시험 일자와 시험 범위. 그곳에 꿈을 보관해두고 왔지. 어른이 된 미래는 잃어버린 자물쇠의 열쇠.

졸업식이 열리는 밤에 교복을 벗고 밀가루와 계란을 던지고 싶어. 허공으로 부유하는 종이배. 낮게 가라앉는 마지막 약속은 4월의 가장 잔인한 거짓말.

   액자에는 텅 비어 있는 미리 찍어둔 졸업앨범. 여자애들의 스커트는 짧고, 남자애들은 담배를 뚫을 만큼 키가 크고 어른스러워.

   우리는 언제쯤 집에 갈 수 있을까. 아직도 우리는 교실에서 늘 공부를 하고. 수학여행을 가고. 교복을 벗지 못하고. 졸업식은 오지를 않고.

   여전히 종소리의 끝자락을 쫓아다니는 우리의 묘비명에 노랗게 잔잔한 파도가 일렁인다.

재앙

 우리 집이 삼십삼 층인 게 후회되는 아침이었다. 창밖의 하늘은 온종일 쫄쫄 굶은 사람처럼 새파랗게 말라 있는데. 눈치 없이 마루 위에서 늦잠을 뒹굴던 내가 마주한 것은 날벼락같이 추락하다 접시처럼 거실에 처박혀 으깨져 버린 UFO였다. 아뿔싸. 하필 오늘이라니. 엄마가 장례식으로 집을 비운 날에 나는 밤새 스타크래프트를 꿈꾸고 있었는데. 설마 여기까지 쳐들어올 줄은 정말 몰랐다. 아무렇지 않은 척, 속옷 차림의 나는 UFO를 외면하고는 소파 밑으로 들어가 버린 리모컨을 집어 들었다. 아침뉴스 속 남자 앵커는 외계인처럼 중얼대고 있었다.

 지구는 화성인에게 침공당했습니다. 국민 여러분들은 당황하지 말고 자택 안에 머물며 정부의 지침을 따라주십시오…

국민 여러분의 안전에는 이상이 없을 것을 약속드립니다.

얌전히 집 안에 숨어 있는데 화성인이 거실까지 쳐들어오면, 어디로 숨어야 하지? 일단 바깥으로 뛰어내려야 한다면, 가장 먼저 할 일은 옷을 껴입는 거야. 노숙을 하더라도 발가벗은 채 구걸을 하는 건 더 부끄럽고 수치스러운 일이니까. 장롱 속으로 뛰어 들어갔는데 거기엔 엄마의 옷들밖에 남아 있지를 않았어. 꽃무늬가 그려진 몸빼바지와 헐렁한 보라색 스웨터를 입다가, 나는 장롱 바닥에 주저앉고 엉엉 울었다. 그런데 한참이 지난 후에도, 거실의 UFO에선 외계인이 나올 낌새가 보이지 않았다.

UFO가 우리 집의 벽에 구멍을 내고 어느덧 몇 달이 지났다. 찬바람이 빈자리를 채워주려고 자꾸만 쏟아져 들어오는 겨울이었다. 아마도 지구는 멸망했다. 화장실에선 물이 나오지 않았고, TV 속의 남자 앵커는 어둠 속에서 실종되어 벙어리가 된 지 오래다. 우리 집은 여전히 삼십삼 층이었고, 나는 뛰어내릴 수가 없었다. 지진으로 천장이 무너져서 현관문은 이미 막혀 있었다. 괜찮아, 세상이 멸망해도 어차피 우리는 남이었잖아? 끝까지 나는 버려져 스타크래프트를 하고 있다.

어느 날 거실 바닥에 시체처럼 누워 있는 UFO의 안을 들여다보았을 때, 엄마가 외계인처럼 검게 죽어 있었다. 상관없는 일이었다. 이미 인류는 종말을 맞은 뒤였다.

네모의 꿈

직사각형의 교실은 네모난 모서리에 갇혀 있어요
우리가 앉아 있는 세상에는 벽시계가 걸려 있지 않아요
맞은편의 칠판에는 촘촘하게 기록된 생의 수학 공식들
도출되지 못한 마지막 해답은 문의 바깥쪽을 그리고 있어요
흰 분필은 왜 칠판의 지평선 너머에는 꿈이 없다고 말할까요
알록달록한 낙서는 빈 공간이 없는 칠판 속에서 길을 잃었어요
지우개는 수업과 관련 없는 우리가 적어둔 꿈을 삭제해 버려요

네모난 달력 위를 걸어가는 하나뿐인 표정의 하루들
뾰족하지 않고 둥근 사과 같은 이야기와 감정은
가장 어둡고 비밀스런 사물함 속에 보관해두었어요

교복을 입은 나는 네모난 타임캡슐을 잠그는 법을 모르지요
사과는 오지 않을 검은 미래로 갈변되고 있어요

나는 네모난 책상에 올려둔 네모난 노트 위에
날카로운 볼펜 끝으로 언젠가 완결될 소설을 쓰고 있어요
페이지는 한정되어 있어서 언젠간 어른이 될 수밖에 없어요
때로는 종이의 모서리에 손가락을 베이기도 해요
핏방울이 하얀 세상에 붉고 둥근 해를 그릴 때
비로소 일기예보의 서사는 정해진 결말을 벗어나게 될까요

마지막 수업을 끝내는 종소리가 울리네요
교실의 바깥으로 향하기 위해 문턱을 넘어요
다음 페이지에는 어떤 생이 기다리고 있을까요
우리를 가두고 있던 교실의
네모난 모서리가 둥근 지구로 확장되고 있어요

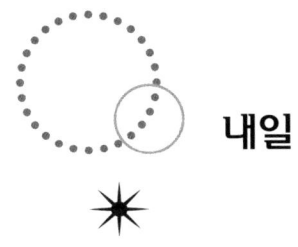

내일

오늘을 풀로 이어 붙인다고
미래가 퍼즐처럼 완성되는 건 아니잖아

가끔은 숨이 가빴고
아직도 그림자가 기대어 있는 빈 의자
내가 잠자는 어두운 제자리는 어디일까

나는 왜 여전히 교복을 입고
세상을 외면한 채
아무도 없는 텅 빈 수업시간 속에
혼자 졸고 있을까

햇빛이 밝은 오후란

잠든 채 무심코 넘겨버린
짧은 교과서의 한 페이지라서

햇볕이 따스한 날씨를 기다리는 건
절대 오지 않을 계절에 대한 꿈이었어

티비 속엔
예쁘고 귀여운 아이돌들이
내 발자국보다 먼저 마주한
달콤한 오늘을 노래 부르는데

리모컨으로 채널을 돌려봐도
나의 날씨와 날짜를 알려주는
뉴스는 나오지 않는다

어제의 그림자 뒤에 머물며
꿈을 움켜쥐고 찢고 부수는
변주곡처럼 반 박자 느린

열아홉 살 나의

흐트러진 책상

미처 넣지도 못한 의자

나는 아직도

사춘기가 빚어낸 페달의 허밍 바깥으로

발걸음을 옮기지 못하지만

내일은,

사랑스러운 햇볕이

비출 거라는 악몽을 꾸며

자리에서 잠든다

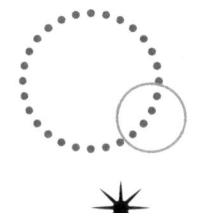

마포대교 생명의 다리

더 이상 무섭지 않았어

강물 위에 밤이 방바닥처럼 평평하게 뒤덮이고 나니 왠지 그 위를 걸어갈 수 있을 것만 같았지. 오랜만에 교실 안으로 돌아왔을 때처럼. 교문에서 지우개가 떨어지고 분필 가루를 맞고 세상에서 가장 어두운 샤워를 할 때처럼. 사라진 실내화를 찾듯이 세상 바깥에 신발을 어설프게 벗어두고 맨발로 질퍽한 어둠 위에다 발자국을 남기고 싶었어.

등 뒤에선 브레이크를 밟을 줄 모르는 자동차들. 너는 다리 위에 서서 히치 하이킹을 해보지만 아무도 너를 구해주지 않았고. 끝나지 않는 수업시간처럼, 졸업할 수 없는 교실 속에 머물러 있었지. 너는 난간에 손을 짚고 멍하니 서 있었어. 내려다

본 검은 강물을 지나가는 가로등 불빛들은 쉬지도 않고 세상의 끝까지 물수제비를 뜨고 있었어. 겁 많고 못생긴 너는 하염없이 불빛의 뒷모습만 바라보다 벌써부터 지쳐버렸지. 키 작고 달리기가 느린 너는 너무 빠른 강물을 따라갈 수 없을 거야. 아이들의 발자국은 너무 커서 너는 중심을 잡을 수 없었고. 헤엄을 칠 줄 모르는 너라서 아픔의 난간 바깥으로 뛰어내릴 수 있을까. 어둠은 엄마의 자궁 속으로 통하는 웜홀일 것만 같아. 저 깊고 커다란 블랙홀 속에 들어간 후엔, 죽은 내 시체는 물 위로 떠오르지 않겠지. 더 이상은 교실에 남아 있을 수가 없어서.

못생긴 도마뱀처럼 새파랗게 차가워진 너를 발견해도 알아볼 수 없기를 기도하면서. 주저앉은 채로 너는 울고 있었다. 아니 웃고 있었다. 이제는 학교를 다니지 않아도 되는 사춘기여서. 밤으로부터 종소리가 울려 퍼질 때 너는 그제야 바깥으로 헤엄칠 수 있을 테니까.

마포대교 생명의 다리

밥은 먹었어?

많이 힘들었구나
이제 모든 걸 놓아버리고
어둠을 향해 졸업을 할 차례야

검은색 분필로 쓰여진
칠판에 적힌 위로의 글귀들이
점점 지워지고 있어서

더 이상 무섭지 않았어